Projektbericht Nr. 2:

Fotosammlung zu den Kirchbauten

der Hamburger Architekten

Hopp und Jäger

(Stand April 2017)

Zum Inhalt:

Für die Architekten Hopp und Jäger spielte die fotografische Dokumentation ihrer Projekte eine bedeutende Rolle: professionelle Fotografen-Bilder kamen dem Kunden entgegen, sein Bauwerk angemessen darstellen zu können. Für H&J hatten die Sammlungen von Abzügen in ca. 40 x 40 cm großen Fotoalben, wie sie meist für die Bauträger als Abschluss-Geschenk vorbereitet und als Doppel im Büro aufbewahrt wurden, auch Werbewirksamkeit gegenüber Neukunden. Diese konnten sich 'ein Bild' machen über das Werk der Architekten und daran eigene Vorstellungen entwickeln.

Wenn auch diese Alben weitgehend nicht mehr erhalten sind, so sind es doch ein Großteil der Negative, von denen die Fotoabzüge herrührten. Der Projektbericht Nr. 2 nutzt die in den ersten zwei Jahren wieder zusammengetragenen Foto-dokumente, um möglichst alle bekannten Kirchbauten und Renovierungen auch optisch vorzustellen. In Bericht 1 noch nicht vermerkte Baumaßnahmen sind jetzt als Ergänzung der Werkliste zugefügt, so dass das Oevre von nunmehr fast 80 Projekten präsentiert werden kann.

Projektbericht Nr. 2:

Fotosammlung zu den Kirchbauten

der Hamburger Architekten

Hopp und Jäger

(Stand April 2017)

Beitrag zu

‚Hopp und Jäger -
Kirchenbauten von einem Hamburger Architekturbüro
(1930 bis 1962/80)
Ein Projekt zur Dokumentation‘
[www.huj-projekt.de]

Uwe Gleßmer und Emmerich Jäger

in Kooperation mit
Günther Engler, Erika Grünewald, Karl Heinz Hoffmann, Manuel Hopp,
Peter Kröger, Alfred Lampe, Jan Lubitz, Jochen Schröder,
Heiner Steinfath, Markus Wesselmann

Bibliographische Informationen der Deutschen Nationalbibliothek
Die Deutsche Nationalbibliothek verzeichnet diese Publikation
in der Deutschen Nationalbibliografie; detaillierte bibliografische
Daten sind im Internet über http://dnb.dnb.de abrufbar

Deckblatt: Hopp & Jäger beim Richtfest für den neuen
Turmhelm von St. Jacobi (Hamburg) 15.9.1960
[Ausschnitt aus dem Foto HAA_Jäger_Lüden_N042.6-1062_(0685)]
Rückseite: Einband des Fotobuches, das R. Jäger 1971
Edite Hopp zum 70. Geburtstag geschenkt hat (HAA_B_Hopp_A005)

Herstellung und Verlag
BoD – Books on Demand, Norderstedt

ISBN: 978-3-744818223

Inhaltsverzeichnis

Inhaltsverzeichnis		5
1	Vorwort und Kontext der Rückfrage	9
2	Das Architekturbüro Hopp und Jäger (bzw. JGB)	12
3	Fotos von Rheinländer, Lüden und Becker-Mosbach	15
3.1	Otto Rheinländer	16
3.2	Exkurs: Datierungsprobleme der Foto-Dokumente	19
3.3	Walter Lüden	24
3.4	Ursula Becker-Mosbach	28
3.5	Zusammenfassung	28
4	Bildliche Dokumentation zur Werkliste	31
4.1	Verweise auf Personennamen	31
4.2	Detailangaben und schematische Abkürzungen	31
4.3	Kirchenbauten im ‚Projekbericht Nr. 1'	32
4.3.1	Kirchsaal ‚Christus über den Wogen' (1932, HH Groß- Borstel)	34
4.3.2	Friedhofskapelle (1933? Altona-Bahrenfeld)	36
4.3.3	Friedhofskapelle (1934 SH Düneberg/Elbe)	38
4.3.4	St. Jacobi Turmhalle (1935 HH-Altstadt)	40
4.3.5	St.Ewalds-Kirche (1934 MV Bodstedt)	42
4.3.6	Seemannskirche (1934 MV Prerow)	43
4.3.7	Fischerkirche (1935 MV Darß/Born)	44
4.3.8	List (1935 SH List/Sylt)	46
4.3.9	Mulsum (1934 NI Landkreis Stade)	48
4.3.10	Sittensen (1936 NI Landkreis Stade)	50
4.3.11	Elsdorf (1936 NI Bremervörde-Zeven)	53
4.3.12	Lutherkirche (1937 HH Wellingsbüttel)	54
4.3.13	Ahlerstedt (1937 NI Ahlerstedt)	58
4.3.14	Balje (1938 NI Kirchenkreis Stade)	61
4.3.15	St.Lukaskirche (1938 HH Fuhlsbüttel)	62
4.3.16	Maria-Magdalenen-Kirche (1938 HH Klein Borstel)	66
4.3.17	Johanneskirche (1938 NW Hamm)	72
4.3.18	St.Nicolaus (1938 HH Alsterdorf)	76
4.3.19	Friedenskirche (1939 HH Rahlstedt/Farmsen-Berne)	78
4.3.20	Osterkirche (1946 HH Bramfeld)	80
4.3.21	Christianskirche (1950 HH Altona)	82
4.3.22	Pötrau (1950 SH Büchen)	86
4.3.23	Johann-Gerhard-Oncken-Kirche (1951 HH Eimsbüttel)	88
4.3.24	Julius-Köbner-Kapelle (1951 HH Hamm)	90
4.3.25	Sieben-Tags-Adventisten = Advent-Haus (1953 HH Eimsbüttel)	92
4.3.26	Christophorus-Kirche (1953 HH Hummelsbüttel)	96
4.3.27	Lamstedt (1953 NI Kr Hadeln)	100
4.3.28	Methodistenkirche Eben-Ezer-Kirche (1954 HH Eimsbüttel)	102
4.3.29	Christus-Kirche (1954 HH Wandsbek)	104

4.3.30 Auferstehungskirche (1954 HH Lurup) 106
4.3.31 Emmauskirche (1954 HH Wilhelmsburg) 112
4.3.32 Flüchtlings-Kirchenbaracke (1955 SH Wentorf) 116
4.3.33 Mutterhaus u. Kapelle (1955 NW Münster) 118
4.3.34 Philippuskirche (1956 HH Horn) 122
4.3.35 Stephanuskirche (1956 HH Eimsbüttel) 126
4.3.36 Adventskirche (1956 HH Schnelsen) 128
4.3.37 Bethel Kirchraum Sarepta (1956 NW Bielefeld) 130
4.3.38 St.Katharinen-Kirche (1956/7 HH Altstadt) 134
4.3.39 Matthäuskirche (1958 NW Münster) 140
4.3.40 Christuskirche (Garnisonskirche) (1958 SH Flensburg Mürwik) 142
4.3.41 Jacobi-Kirche (1958 NW Rheine) 146
4.3.42 Bargstedt St. Primus (Turm) (1958 NI Bargstedt) 148
4.3.43 St. Marien (1960 HH Ohlsdorf) 150
4.3.44 Auferstehungskirche (1960 HH Schmalenbeck) 154
4.3.45 Johanniskirche (1956 NI Stade) 158
4.3.46 Marienkirche (1960 SH Flensburg) 162
4.3.47 Nicolaikirche (1960 SH Flensburg) 166
4.3.48 St.Jacobi-Kirche (1962 HH Altstadt) 168
4.3.49 Paulus-Kirche (1962 NW Hamm) 172
4.3.50 Pauluskirche (1962 HH Eidelstedt) 174
4.3.51 Osterkirche im Jacobi-Park (1962 HH Eilbek) 175
4.3.52 Johanneskapelle (1959 HH Rothenburgsort) 178
4.3.53 Kirche Groß Flottbek (1962 HH Gr.Flottbek) 179
4.3.54 Lutherkirche (1961 NI Fredenbek) 180
4.3.55 Altstädter Nikolaikirche (1962 NW Bielefeld) 184
4.3.56 Christuskirche (1962 HH Eidelstedt) 188
4.3.57 St.Markus (1958 NI Osnabrück) 190
4.3.58 St.Johannis (1964 SH Adelby/Flensburg) 192
4.3.59 Innien-Aukrug (1965 SH Innien-Aukrug/Rendsburg) 194
4.3.60 Büchen (1965 SH Büchen) 196
4.3.61 Albersdorf (1965 SH Albersdorf/Heide) 198
4.3.62 St. Nikolai Moorfleet (1965 HH Moorfleet) 200
4.3.63 St.Michael-Kirche (1966 NI Rotenburg / a.d.Wümme) 202
4.3.64 Thomas-Kirche (1966 HH Bramfeld/Hellbrook) 206
4.3.65 Harsefeld (1966 NI Harsefeld/Buxtehude) 208
4.3.66 Paul-Gerhardt-Kirche (1965 NW Rheine) 210
4.3.67 St.Petri (1967 NI Buxtehude /. Hannover) 212
4.3.68 Wallsbüll (1968 SH Wallsbüll/Flensburg) 214
4.3.69 Handewitt (1964 SH Handewitt/Flensburg) 216
4.3.70 Eggebek (1970 SH Eggebek/Flensburg) 217
4.3.71 Niendorf (1957-1963 HH Niendorf) 218
4.3.72 Baptisten Hamm (? 19xx NW Hamm) 222
4.4 Ergänzungen zum ‚Projektbericht Nr. 1' 223
4.4.1 Kirche und Friedhofskapelle (1935 MVP Flemendorf) 227

4.4.2	St. Jürgen (1931 BR Lilienthal / Bremen)	230
4.4.3	Imsum / Insum (1930 BR Bremerhaven)	232
4.4.4	Pauluskirche (1939ff NW Hamm)	238
4.4.5	St. Petri-Kirche (1937ff HH-Altstadt)	240
4.4.6	Treppenhalle Landeskirchenamt (1939 HH-Altstadt)	242
4.4.7	Grindelhochhäuser Bezirksamt (1956 Eimsbüttel)	244
4.4.8	Krankenhaus (1957 NW Lengerich)	247
4.4.9	Laurentiuskapelle (1958 NI Falkenburg-Ganderkesee)	248
4.4.10	Ökumenische Studentenwohnheime	252
4.4.11	Christophorushaus (1967 SH Rendsburg)	256
4.4.12	Ev. Studentengemeinde (1969 HH-Eimsbüttel)	258
4.4.13	Diakonisch-soziales-Zentrum (1972 BA Coburg)	262
4.4.14	Missionsakademie u.a. (1958 HH Nienstedten)	266
4.4.15	Weitere nachzutragende Kirchbauprojekte	271
5	Personennamen in der Dokumentation	273
5.1	Pastoren und kirchliche Mitarbeiter der Bauzeit	273
5.2	Künstler	276
5.2.1	Eira Ahola	276
5.2.2	Siegfried J. Assmann	276
5.2.3	Ernst Barlach	276
5.2.4	Vera-Marie von Claer	276
5.2.5	Br. Clausnitzer	277
5.2.6	Elisabeth Coester	277
5.2.7	Charles Crodel	277
5.2.8	Eva Dittrich (verh. Leo)	277
5.2.9	Gerhard Dreher	278
5.2.10	Carl Fey-Talmühlen	278
5.2.11	Fritz Fleer	278
5.2.12	Paul von der Forst	278
5.2.13	Barbara Haeger	279
5.2.14	Jahn	279
5.2.15	Hermann Junker	279
5.2.16	Hans Kock	279
5.2.17	Elmar Lindner	279
5.2.18	Klaus-Jürgen Luckey	279
5.2.19	Jürgen Manshardt	280
5.2.20	Gerhard Marcks	280
5.2.21	Hans Mettel	280
5.2.22	Elsa Mögelin	280
5.2.23	Isgard Moje-Wohlgemuth	280
5.2.24	Otto Münch	281
5.2.25	Maria Pirwitz	281
5.2.26	Ursula Querner(-Wallner)	281
5.2.27	Illo von Rauch-Wittlich	281
5.2.28	Sigrid Schlytter	281

	5.2.29 Max Schulze-Sölde	281
	5.2.30 Hans Gottfried von Stockhausen	282
	5.2.31 Friedrich Stuhlmüller	282
	5.2.32 W. u. H. Traxel	282
	5.2.33 Barbara Übel	282
	5.2.34 Oscar Ulmer	282
	5.2.35 Claus Wallner	282
	5.2.36 Jürgen Weber	283
5.3	Zusammenarbeit mit anderen Architekten	284
	5.3.1 Otto Bartning	284
	5.3.2 Ehepaar Buttge	284
	5.3.3 Fritz Höger	284
	5.3.4 Gerhard Langmaack	284
	5.3.5 Kurt Schulze-Herringen	284
	5.3.6 Ferdinand Streb	285
5.4	Mitarbeiterschaft des Architekturbüros H&J bzw. JGB	286
6	Zusammenfassender Rückblick	290
7	Abkürzungen, Archivalien und Indices zu Personen, Orten und Themen	292
7.1	Abkürzungen	292
7.2	Archivalien	292
7.3	Kurztitel und Literatur	293
7.4	Personen-Index	307
7.5	Orts- und Straßennamen	311
7.6	Themen-Index	314
8	Beiträge zum Hopp-und-Jäger-Projekt	323

1   Vorwort und Kontext der Rückfrage

Im April 2014 fand im ‚kunstforum matthäus' in Hamburg-Winterhude ein Seminar über „Hamburger Kirchen von Hopp & Jäger" (abgekürzt: H&J) statt. Eine beispielhafte Einführung bereitete auf zwei in den nächsten Tagen folgende Exkursionen zu ausgewählten Hamburger H&J-Kirchbauten vor. Es ergab sich aber schnell im gemeinsamen Austausch, dass bisher leider keine vollständige Übersicht zum Schaffen der Architekten Hopp und Jäger oder wenigstens zu ihren Kirchbauten vorlag. Das Werk dieser Architekten wäre wegen seiner wenig avantgardistischen Grundeinstellung mit einem besonderen Profil jedoch eigentlich in jeder Hinsicht der Erforschung wert. So führte diese Veranstaltung zur Bildung einer Arbeitsgruppe mit Mitgliedern aus verschiedenen Fachrichtungen wie Theologie, Architektur und Kunstgeschichte. Diese Arbeitsgruppe verfolgt das Ziel, eine solche umfassende Dokumentation über die Bauten und Projekte dieser Architekten zu erstellen. Dieses kann aber nur schrittweise erfolgen, und so bildet der vorliegende Band einen der Teilschritte, der hauptsächlich die Arbeit der Werkliste im „Projektbericht Nr. 1" (Stand März 2016) weiterführt. Ziel ist in dieser Fortführung, den erreichten Informationsstand zu den bisher bekannten oder in dokumentarischen Listen genannten Kirchen- und Kapellen-Bauwerken mit vorhandenen Fotos darzustellen.

Vorausgesetzt sind unten für die Wiedergabe der Bilder die Auflistungen und deren Reihenfolge, wie sie für den „Projektbericht Nr. 1" erarbeitet sind. Dort ist in einem ersten Abschnitt „4.2 Tabelle zur Werkliste" eine Kurzübersicht geboten, die u.a. angibt, woher die Informationen über das jeweilige Bauwerk stammen. Drei Quellen standen für die Erarbeitung zur Verfügung

> G (eine Liste, die nach dem Tod von R. Jäger 1979 von seinen damaligen Teilhabern, den Architekten Gries und Brunzema, erstellt worden ist);

> J (eine erweiterte Liste, die Emmerich Jäger 2013 bei der Abgabe des Nachlasses seines Vaters an das Hamburgische Architekturarchiv erstellt hat);

> N (neue, aus anderen Dokumenten bis zum März 2016 sich ergebende Hinweise auf weitere Kirchbauten, an denen diese Architekten gearbeitet haben).

Außerdem ist dieser Tabelle die Art des Vorhabens zu entnehmen, ob es sich also um einen Neubau einer Kirche oder Kapelle, eine teilweise (Innenraum-)Gestaltung oder einen Umbau mit bedeutender (Innenraum-)Neugestaltung bzw. Renovierung handelt. Zudem sind zur Identifizierung des Bauwerks dessen bisher überlieferte Bezeichnung sowie die regionale Zuordnung und eine Angabe für den Zeitpunkt der Einweihung mit angegeben. Allerdings beinhalten diese Angaben auch jeweils bedeutende Probleme bei der Vorentscheidung für ihre Präsentation: denn z.T. sind Namen von Kirchgebäuden ihnen erst längere Zeit nach der Einweihung zugeordnet worden, während es zuvor teils gebräuchlich war, sie nach dem jeweiligen Ort zu benennen. Zudem stellt die regionale Zuordnung insofern vor ein Problem, dass sowohl die politischen Grenzziehungen (etwa durch das Groß-Hamburg-Gesetz und die Benennungen der jetzigen Bundesländer) als auch die kirchlichen Zuständigkeiten gewechselt haben. Ähnlich ergibt sich eine relative Unschärfe dadurch, dass in vielen Fällen mehrere, nacheinander erfolgte

Baumaßnahmen durch das Architekturbüro mit der Auswahl der ersten Einweihung mit nur einer Jahreszahl nicht hinreichend beschrieben werden können.

Die zweite hier vorausgesetzte Auflistung im „Projektbericht Nr. 1" ist überschrieben „4.3. Materialien zu einzelnen Elementen der Werkliste". Sie bietet hauptsächlich diejenigen Materialien, die sich aus zwei Quellen ergeben, die sich im Hamburgischen Architekturarchiv befinden:

Der bereits erwähnte von R. Jäger erhaltene und umfangreiche Nachlass, der seit 2013 im HAA aufbewahrt wird (siehe dazu auch die Auflistung der Tabelle 5.4 im „Projektbericht Nr. 1")

sowie die Nummern zu den Fotos des Hamburger Fotografen Otto Rheinländer, die zu dem entsprechenden Gebäude verfügbar sind (dazu unten mehr).

Insgesamt sind es die 72 Elemente der Werkliste, für die Einzelheiten verfügbar sind. Allerdings beschränken sich diese – bei einigen wenigen Elementen – gelegentlich nur auf die Nennung in Dokumenten, während bildliche Dokumentationen aus der Bauzeit bzw. andere H&J-Projektdokumente ganz fehlten. – In diesen Fällen ist versucht worden, durch aktuelle Bilder (aus dem Internet oder aus Festschriften) zumindest einen ersten Eindruck des Gebäudes zu vermitteln. Vielleicht können die jeweiligen Gemeinden in ihren Archiven weiteres Bildmaterial finden und zur Verfügung stellen.

Eines der Ziele der vorliegenden Zusammenstellung ist es, denjenigen Gemeinden, bei denen das Architekturbüro H&J an der Ausgestaltung ihrer Kirche beteiligt war und die es selbst vielleicht gar nicht mehr wahrnehmen, einen Anhaltspunkt über diesen Sachverhalt zu vermitteln. Wie in einigen Fällen bereits geschehen, werden so unvermutet neue Informationen über Umstände der vergangenen Zeit zugänglich. Nun ist Vergangenheit nicht das wichtigste Element der Gemeindearbeit. Es ist jedoch interessant für die Frage, wieweit jüngere Menschen und Gemeindeglieder sich mit Aktivitäten ihrer Eltern und Großeltern verbunden (oder auch Distanz) fühlen. Für die Kontinuität der Kirchengemeinden unter den Bedingungen des Mitgliederschwundes und drohenden Schließungen sind Fragen der familiären Kontinuität aber sicherlich auch nicht als nebensächlich zu betrachten.

Durch einige z.T. überraschende, neue Informationen ist es auch notwendig, die Werkliste zu erweitern. Wir haben uns entschieden, so zu verfahren, dass die Nummerierung der einzelnen Elemente der Werkliste aus der o.g. Tabelle 4.3 auch unten im Kapitel 4.3 beibehalten wird. Dadurch kann eine Übersicht erleichtert werden. Zusätzlich werden unten im Abschnitt 4.4 „Ergänzungen zum Projektbericht Nr. 1" eingefügt. Er enthält Hinweise auf weitere Bauprojekte. Über den hauptsächlich betrachteten Gebäudetyp ‚Kirchbau' hinaus, sind einige weitere Bauwerke ergänzt, die für das Gesamtwerk sowie das persönliche H&J-Beziehungsgeflecht von interesse sind.

Eine erschöpfende Sicht wird trotzdem noch nicht möglich sein, weil zu Modellen und Entwürfen für Wettbewerbe, die in Fotos erfasst sind, noch zahlreiche Details zu erforschen sein werden. Hierzu zählt etwa die Auswertung der Tagebuch-Notizen von B. Hopp. Da diese Untersuchungen eine eigene Dimension der H&J-

Aktivitäten darstellen, wollen wir auch aus Gründen des Umfangs diesen Teilschritt zurückstellen.

Während die erste Werkliste von 1979 ca. 57 Neubauten und Renovierungen von Kirchen in Norddeutschland nannte, ist der jetzige Kenntnisstand auf über 80 Objekte angewachsen, die es zu dokumentieren gilt. Darunter machen die 28 neu errichteten Kirchbauten etwa ein Drittel der Objekte aus. Bei einem anderen Drittel handelt es sich um umfangreiche Umgestaltungen und Renovierungen von zerstörten Kirchen bzw. Ergänzungen eines Turms. Bei dem verbleibenden Drittel sind Innenräume renoviert oder mit besonderen Gestaltungselementen neu versehen worden. – Insgesamt ist diese umfangreiche und über Jahrzehnte sich fortsetzende Beauftragung zu Gestaltungsaufgaben für kirchliche Bauträger im Zusammenhang mit dem gewachsenen Profil des Architekturbüros von Bernhard Hopp und Rudolf Jäger sowie ihren besonderen persönlichen Kompetenzen zu sehen. Um die persönliche Ebene dieses Werdens geht es in separaten Veröffentlichungen, die bereits erstellt[1] oder in Vorbereitung sind. Zur Entwicklung ihres Architekturbüros bietet unten das Kapitel 2 „Das Architekturbüro Hopp und Jäger (bzw. JGB)" weitere erste Informationen, die beschreiben wie nach dem Tod von Bernhard Hopp am 18.9.1962 Rudolf Jäger, erst Johannes Gries sowie dann auch Dr. Daniel Brunzema in die Firma (gelegentlich mit „JGB" abgekürzt) als Partner aufgenommen hat.

Zu den zahlreichen Bauaktivitäten sind unten Einzelheiten von vielen Beteiligten zusammengetragen worden. Ihnen sind z.B. die Grundlagen der Fotodokumentation zu verdanken (wie im Kapitel 3 „Fotos von Rheinländer, Lüden und Becker-Mosbach") bzw. die im Zusammenhang einzelner Elemente der Werkliste explizit genannt werden (siehe das Kapitel 5 „Personennamen in der Dokumentation" zu beteiligten Künstlern, H&J-Mitarbeitern, Pastoren und anderen kirchlichen Mitarbeitern). Da diese Personen zum Teil mehrfach beteiligt waren, ist es übersichtlicher, wenn sie einmal ausführlich (wenn möglich mit korrekter Namensschreibung und Lebensdaten) genannt werden. So kann zuvor in Abschnitt 4.3 dann nur mit Namen auf sie Bezug genommen werden. Für die Fragen nach Querschnittssichten (etwa „Wer ist mehrfach und wo beteiligt?") bietet auch das Register ein Hilfsmittel, um z.B. aus kunstgeschichtlicher Perspektive weitere Rückfragen stellen zu können.

---

[1] Siehe dazu bereits den ersten biografischen Beitrag in Gleßmer / Jäger / Hopp (2016).

2 Das Architekturbüro Hopp und Jäger (bzw. JGB)

Um etwa 1920 begegneten sich Bernhard Hopp (1893-1962) und Rudolf Jäger (1903-1978) das erste Mal in der Jugendarbeit der christlichen Bibelkreise (BK) in Altona. Bernhard Hopp hatte dort nach seiner eigenen Jugendzeit vor dem Ersten Weltkrieg in Gruppen des CVJM und Kontakten zur BK-Arbeit als älteres Mitglied ehrenamtlich eine leitende Funktion übernommen.[2] Zuvor hatte er eine Ausbildung zum Dekorationsmaler absolviert, nach seinem Kriegsdienst die Meisterprüfung 1920 abgelegt und sich anschließend in einem Kunststudium zum Kunstmaler fortgebildet. Ab 1922 betätigte er sich schon überwiegend als selbstständiger Künstler – z.T. in Arbeitsgemeinschaft mit Architekten. Nach den „Heimabenden" im BK-Altona trafen sich Bernhard Hopp und Rudolf Jäger und besprachen künstlerische Ideen und Aufträge von Bernhard Hopp. Die Entwürfe bezogen sich hauptsächlich auf religiöse Themen und kirchliche Kultgegenstände. Gemeinsam entwickelten sie erste architektonische Idealentwürfe.

1923 heiratete Bernhard Hopp, so dass sich ihre Wege erst einmal trennten. Nach dem Abitur begann Rudolf Jäger 1923 sein Architekturstudium in Stuttgart und Berlin. Nach der Rückkehr aus Stuttgart und bestandener Prüfung zum Diplom-Ingenieur der Architektur nahmen Rudolf Jäger und Bernhard Hopp ihre gemeinsame Arbeit wieder auf und intensivierten sie. Bernhard Hopp hatte 1930 die Leitung der „Werkstätte für kirchliche Kunst" im Rauhen Haus übernommen. In diesem Jahr beteiligten sich beide zudem an dem Wettbewerb für das Ehrenmal an der Kleinen Alster in Hamburg. Sie gewannen unter zahlreichen Entwürfen vieler bekannter Deutscher Architekten einen der 2. Preise. Weiterhin waren beide aktiv in der christlichen Jugend- und Studentenarbeit sowie in der Vorbereitung von mehreren Ausstellungen zu kirchlicher Kunst und Architektur.[3] In dieser Zeit ist für beide der Altonaer Pastor Hans Asmussen eine der Bezugspersonen. Mit ihm gemeinsam wurde die Ausstellung „Symbol und Form" 1932/33 durchgeführt.[4] Rudolf Jäger war zudem 1933 mitbeteiligt am Aufruf der Pastoren zum Altonaer-Bekenntnis und nahm als Vertreter von Altona an der Synode der sich bildenden Bekennenden Kirche in Barmen 1934 teil. In diesen Zeiten entstanden viele Kontakte zu weiteren kirchlichen Kreisen, die später eine wichtige Grundlage für ihre gemeinsame berufliche Arbeit darstellten.

Bernhard Hopp hatte 1933 Hamburg verlassen, nachdem der Kontrakt mit dem Rauhen Haus aufgelöst worden war. Er zog sich zeitweise mit seiner Familie nach Born auf dem Darß in der Absicht zurück, dort ein „Evangelisches Werkhaus" mit anderen Künstlern zu realisieren. Dieses kam zwar nicht zustande, weil u.a. die befreundete Familie von Oskar Beyer und seiner ‚nicht-arischen' Ehefrau

---

[2] Zu den hier resümierten biografischen Details siehe ausführlich bei Gleßmer / Jäger / Hopp (2017)..

[3] Siehe zu den Ausstellungen „Kult und Form" sowie „Symbol und Form" bei Gleßmer / Jäger (2016b) S. 68ff die entsprechenden Abschnitte 4.4 und 4.7.

[4] Zum Begleitheft „Symbol und Form", in dem Asmussen gemeinsam mit Hopp publiziert hat, sowie zur Reihe „Gemeindekirche", die gemeinsam von Jäger mit Asmussen herausgegeben wurde, siehe Details bei Gleßmer / Engler (2016) S. 25ff.

Margarethe im Sommer 1933 aus Deutschland emigrierte. In dieser Zeit einer wirtschaftlichen Notlage und einigen künstlerischen Ausmalungen in Kirchen der Umgebung gelang es, dort auf dem Darß den Bauauftrag für die „Fischerkirche" zu erhalten. Sie konnte dann 1935 eingeweiht werden, nachdem beide Architektenkollegen gemeinsam im Vorjahr die reine Holzkonstruktion entworfen und gezeichnet hatten. Für die künstlerische Ausgestaltung schuf Bernhard Hopp u.a. auch vier geschnitzte Holzfiguren, die als Platzhalter für später erarbeitete Holzplastiken von Hans Mettel fungiert haben. Die traditionell gestaltete Kirche wurde in einigen Publikationen vorgestellt und in der Deutschen Bauzeitung bewertet:

> „Wir möchten diesen evangelischen Kirchenbau, wie nur wenige unserer Zeit, als einen ausgesprochen deutschen Kirchenbau bezeichnen. Er könnte fast ein Beispiel dafür sein, in welcher Weise wir unsere Kraft für den Neuaufbau einer deutschen Baukultur zuerst ansetzen müßten."[5]

Die Architekten wurden durch solche Publikationen bekannt und konnten von den NS-Aufbau- und Arbeitsbeschaffungs-Programmen ab Mitte der 1930-er Jahre weiter profitieren. Anders als früher z.T. als Faktum überliefert wurde, konnten in der NS-Zeit viele neue Kirchen errichtet werden – insbesondere im handwerklichen Stil unter Einbeziehung zahlreicher Gewerke. Hopp und Jäger gelang es zunehmend, weitere Aufträge zu erhalten. 1935 gründeten sie offiziell ihr Architekturbüro und bezogen Räume im Streitshof an der damaligen Königsstraße (heute Poststraße) 14-16 in der Hamburger Innenstadt. Erste Mitarbeiter wurden eingestellt, um die neuen Aufträge mit zu bearbeiten (siehe dazu den Abschnitt 5.4 „Mitarbeiter des Architekturbüros").

Bis zum Kriegsbeginn wurden 10 Kirchen- und Kapellenbauten in Norddeutschland und in Westfalen verwirklicht, die überwiegend im traditionellen und heimatverbundenen Stil gestaltet waren, – dazu auch zahlreiche Renovierungen. In einem Artikel von 1939 über „die Kirchenbaumeister Bernhard Hopp und Rudolf Jäger" wird in der Zeitschrift „Kunst und Kirche" angegeben, dass noch zahlreiche Aufträge von kirchlichen Trägern beim H&J-Büro in Vorbereitung seien. Besonders in diesen ersten Kirchbauten und Planungen betätigte sich B. Hopp auch in der Innenraumgestaltung als bildender Künstler und Bildhauer.

Bei Ausbruch des Zweiten Weltkrieges musste der Kirchenbau eingestellt werden. Hopp und Jäger verlagerten ihre Arbeit auf andere Projekte. Sie entwickelten u.a. Pläne für die Errichtung von Kleinkirchen in den östlichen ‚Landesteilen' und beteiligten sich in der zweiten Kriegsphase maßgeblich an der Rettung von Kunstgegenständen aus den Kirchen in Hamburg. Weiterhin entwickelten sie aber auch Pläne für ein Krankenhaus bei Danzig und bearbeiteten kleinere kirchliche und private Aufträge.

Nach dem „Zusammenbruch" konnten Hopp und Jäger sich zunächst intensiv am Wiederaufbau Hamburgs und seiner mit zerbrochene und kriegszerstörten Kirchen beteiligen: Die Architekten hatten überlebt, das Büro war nicht zerstört und Mitarbeiter waren aus dem Krieg zurückgekehrt. Bernhard Hopp und Rudolf Jäger

---

[5] DBZ (1935) S. 592.

waren darüber hinaus politisch unbelastet und hatten enge Beziehungen zur Kirche. So wurde Rudolf Jäger für das sog. „hamburg project" der britischen Militärregierung, neben anderen ebenfalls als „unbelastet" eingestuften Architektenkollegen für die Planung an den Hochhäusern am Grindelberg vorgeschlagen. Bernhard Hopp wurde aufgrund der Rettung von Kunstgegenständen aus Kirchen von Bürgermeister Petersen 1946 als ‚kommissarischer Denkmalpfleger' eingesetzt (bis 1950). Das Architekturbüro wurde „nebenbei" weiterbetrieben.

Von 1950 bis 1959 in der Wiederaufbauphase entstanden ca. 10 Kirchen- bzw. Kapellen-Neubauten. Fast die Hälfte davon verdankte sich nach NS-Zeit und Krieg dem ‚Nachholbedarf', den die nicht-landeskirchlichen christlichen Gemeinschaften hatten: adventistische, baptistische und methodistischen Gemeinden bildeten eine wichtige Gruppe als Auftraggeber dieser Zeit. Im nachfolgenden „Wirtschaftswunder" bis 1966 errichtete das Büro Hopp und Jäger fast ebensoviele Kirchenneubauten und die in dieser Zeit entstehenden ‚Gemeindezentren'. Während der gesamten Nachkriegszeit sind Renovierungen zahlreicher großer Stadtkirchen, wie z.B. in Bielefeld, Soest, Flensburg und Buxtehude teils über längere Zeiträume durchgeführt worden. Hinzu kamen früher zurückgestellte kirchliche Nebengebäude wie Pastorate und Gemeindehäuser, die teils erst durch die beginnende wirtschaftliche Prosperität möglich wurden. Vermehrt entstanden auch Bauten im sozialen Bereich wie z.B. Krankenhäuser, Kindergärten und Seniorenheime.

Als Höhepunkte ihrer Arbeit im Kirchenbau sind jedoch der Wiederaufbau der Hamburger Hauptkirchen St. Katharinen und St. Jacobi anzusehen. Dabei handelte es sich in enger Kooperation mit der Denkmalpflege um Restaurierung und behutsame Neugestaltungen im größeren Maßstab. Insbesondere bei der Hauptkirche St. Jacobi waren bei der äußeren Gestaltung des Turmes die Auswirkungen auf die ‚Stadt-Silhouette' von großer Bedeutung. Bei den Wiederherstellungen der Innenräume der Hallenkirchen war zwischen Restaurierung und gegenwärtiger gottesdienstlicher Verwendung eine Balance für einen zeitgemäßen Ausdruck in künstlerischer Formen- und Farbgebung zu finden. Eine solche Balance war bei reinen Neubauten in der Nachkriegszeit nicht zu wahren. Und so traten langsam in dieser Zeit in den H&J-Entwürfen auch modernere Konzepte und Formen auf. Einen wichtigen Anteil an diesem Wandel haben erste Reisen in die europäischen Nachbarländer mit sich gebracht. So hat Bernhard Hopp Reisen in die Schweiz unternommen und dort Kirchenbaustudien durchgeführt. Rudolf Jäger reiste nach Dänemark, Schweden und in die Niederlande. Auch er hatte von dort umfangreiches Fotomaterial mitgebracht, das im Büro diskutiert wurde. Außerdem war H&J schon seit Eröffnung des Büros häufiger Kunde in der Buchhandlung Felix Jud in der Nachbarstraße „Neuer Wall". Dort wurden insbesondere nach dem Krieg die neuesten Publikationen über Architektur und Stadtplanung erworben und im Büro ausgelegt.

Es traten auch neue Mitarbeiter in das Architekturbüro ein, die neue Ideen einbrachten. Am 18. September 1962 starb Bernhard Hopp mit fast 69 Jahren. Als neuer Partner wurde Johannes Gries in die Leitung des Architekturbüros aufgenommen. Er war bereits Anfang der 1950-er Jahre aus der „Architektenarbeitsgemeinschaft Grindelberg" zu Hopp und Jäger gekommen und als enger Mitarbeiter von Bernhard Hopp überwiegend an Projekten in Westfalen beteiligt. Ende der 1950-er Jahre war auch Dr. Daniel Brunzema in das Büro als angestellter Architekt eingetreten. Nach einem kurzzeitigen Wechsel kehrte er zu ‚Hopp und Jäger' zurück und wurde 1967 in die Partnerschaft Jäger, Gries, Dr. Brunzema (=JGB) aufgenommen. Einige Jahre zuvor hatte sich das Büro schon – wohl auch mit unter dem Einfluss der Ideen dieser jüngeren Architekten – in vielen Entwürfen einer sachlich-modernen Formensprache zugewandt.

Die Arbeitsbereiche verlagerten sich – wegen des Rückgangs im Kirchenbau – zunehmend auf soziale Projekte, die schon seit längerem einen Schwerpunkt des Architekturbüros bildeten. Durch Kontakte zu Pastor Friedrich von Bodelschwingh entstanden Planungen für die „Betheler Anstalten". Der Auftragsumfang nahm so zu, dass ein Zweigbüro in Rheine/Westfalen eingerichtet werden musste. Ab 1975 – nachdem das 40-jährige Bürojubiläum gefeiert worden war – zog sich Rudolf Jäger etwas aus der aktiven Tätigkeit zurück. Er starb 1978 im Alter von 74 Jahren.

Anfang der 1980-er Jahre zog sich auch Johannes Gries aufgrund von Spätfolgen einer Kriegsverletzung aus der Arbeit im Büro zurück. Er starb 1990. Die Aufträge in Hamburg und Umgebung gingen zurück. Aus diesem Grunde verlegte Dr. Daniel Brunzema 1985 seinen Lebens- und Arbeitsschwerpunkt nach Bielefeld. Dort bearbeitete er bis 2001 mit neuen Partnern (Architekten BBO – Brunzema, Bunge und Otte), die aus dem Zweigbüro von Jäger, Gries, Dr. Brunzema in Westfalen hervorgegangen waren, noch viele große Aufträge. Dr. Daniel Brunzema ist 2011 in seiner ostfriesischen Heimat gestorben.

Im Internet-Auftritt der Architekten BBO von 2015 wird noch auf das Gründungsbüro und die Traditionslinie der Architekten Hopp und Jäger hingewiesen.

3   Fotos von Rheinländer, Lüden und Becker-Mosbach

Für den vorliegenden Band sind die in der Kapitelüberschrift genannten Fotosammlungen im Hamburgischen Architekturarchiv (=HAA) von besonderer Bedeutung. Durch die Fotos kann ein Großteil von Bauten der Architekten H&J bzw. JGB dokumentiert werden. Dabei ist zeitlich und mengenmäßig dasjenige Material von Otto Rheinländer besonders für die Frühphase des H&J-Werkes von größter Bedeutung. Von Walter Lüden ist zwar ähnlich umfangreiches Material erhalten. Es deckt jedoch erst die Bauten aus der Nachkriegszeit ab. Beide Fotografen sind in dieser Zeit z.T. gleichzeitig für H&J tätig geworden. Das Aufgabenprofil war aber unterschiedlich. Die dritte genannte Fotografin, Ursula Becker-Mosbach, ist dagegen nicht im Zusammenhang der Kirchbauten bzw. Dokumentation von Modell-Entwürfen in Erscheinung getreten, sondern bezieht sich auf das in der frühen Nachkriegszeit sowohl für Hamburg als auch für H&J herausragende Bauprojekt der Grindelhochhäuser.

In ca. 1 ½ Jahren wurden die ca. 2500 Fotos von Otto Rheinländer und Walter Lüden von Uwe Gleßmer und Emmerich Jäger in mühseliger Kleinarbeit im HAA am Brooktorkai 4 in der „Speicherstadt" digitalisiert. Dabei war die freundliche

Unterstützung der Mitarbeiter im Archiv eine unerlässliche Hilfe. Ohne diese und die technische Ausstattung des HAA wäre diese Arbeit nicht möglich gewesen.

3.1 Otto Rheinländer

Otto Rheinländer (1904-1977),[6] der 1939 seine Meisterprüfung als Fotograf abgelegt hat, ist für viele der Hamburger Architekten ab den 1930-er Jahren tätig gewesen. Nicht nur für die vorliegende Dokumentation ist es ein extremer Glücksfall, dass diese Fotosammlung gut erhalten ist und vom HAA im Jahr 2000 mit den Nutzungsrechten an den Bildern angekauft werden konnte. (Nach Auskunft des HAA handelt es sich um einen der letzten größeren Ankäufe von Foto-nachlässen, die für das HAA möglich waren).

Das Atelier Otto Rheinländer (früher in der Rothenbaumchaussee), das vom Sohn Jens ab Ende der 1960-er Jahre fortgeführt wurde, hatte von den 1930-er Jahren bis Anfang 2000 für viele bekannte Hamburger Architekten fotografiert – wie z.B. Langmaack, Lüttge, Matthäi, Nagel, Kamps, Graf, Sandmann und Bergholz. Aber auch für große Firmen wurden Fotoaufträge übernommen – wie z.B. für die Fa. Wempe mit ihren Uhren- und Juwelierfilialen sowie für die Zentrale in der Steinstraße – einem auch für H&J wichtigen Auftraggeber.

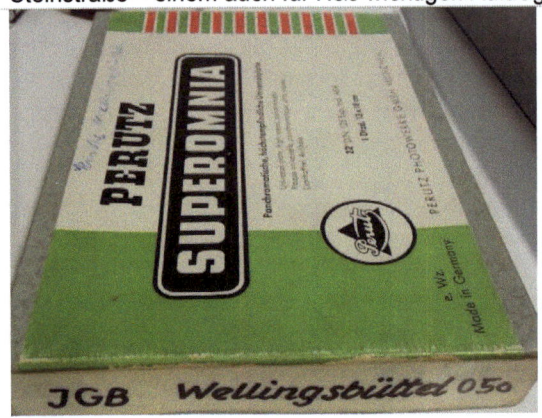

Für die Kirchbau-Aktivitäten des Architekturbüros H&J bzw. JGB bildet die Sammlung von Fotografien durch Otto Rhein-länder (=ORh) eine wichtige Grundlage der Dokumentations-möglichkeiten.

Die Kästen mit den Fotos sind so im HAA zugänglich, dass sie nach Orten oder Bauten geordnet und jeweils auch mit der Benennung des Auftraggebers versehen und vor allem nummeriert beschriftet sind. In unserem Falle ‚JGB‘, wie das Büro zuletzt abgekürzt wurde.

Die für das H&J-Dokumentationsprojekt relevanten JGB-Kästen sind von 1 bis 64 durchnummeriert. Allerdings gibt es leider keine Angaben bei den einzelnen Fotos, aus denen sich das Aufnahmedatum ermitteln ließe. So sind in dem ‚Wellingsbüttel-Material‘ auch noch Aufnahmen aus der Zeit von Umbaumaßnahmen bis 1972 enthalten. Auch wenn die Partnerschaft von JGB erst seit 1967 bestanden hat, so ist sicher, dass es sich größtenteils um wesentlich frühere Fotografien handelt. Sie zeigen inhaltlich einen später nicht mehr erhaltenen Zustand oder sind bereits in Veröffentlichungen sehr viel früherer Jahre enthalten und entsprechend bezeichnet worden.

---

[6] Für die Vita von Otto Rheinländer ist dankenswerterweise von Dipl. Ing. N. Baues eine Kurzbeschreibung zur Verfügung gestellt worden, die im Folgenden als eine Grundlage verwendet werden konnte.

Eine der frühen gedruckten Sammlungen von ORh-Fotoaufnahmen findet sich in einem Werk von 1935: Zu einer Ausstellung im Kunstverein Hamburg ist das dazu herausgegebene Heft „Maler, Bildhauer, Architekten stellen aus im Kunstverein Neue Rabenstraße 25 (Oktober – November 1935)" erhalten.[7] Darin hat alle „Aufnahmen: Rheinländer, Hamburg 13" angefertigt, wie auf S. 15 vermerkt worden ist.

Unter diesen Fotos findet sich auf der letzten Seite auch eine der zwei Aufnahmen, die von den Architekten Hopp und Jäger in der Ausstellung gezeigt wurden: nämlich die Innenaufnahme der Fischerkirche von 1935: „Nr. 130. Rudolf Jäger mit Bernhard Hopp: Kapelle in Born (Darß)". Das Negativ dazu ist gegenwärtig im HAA im JGB-Kasten Nr. 14 als Bild 1 erhalten.[8]

Dieses Bild dokumentiert zugleich mit Sicherheit den Anfang der Zusammenarbeit zwischen ORh und H&J vor dem Oktober 1935. Ab dieser Zeit wird Otto Rheinländer mit der Dokumentation ihrer realisierten Bauten regelmäßig beauftragt. Mit der Auswahl dieses Fotografen, der damals in Fachkreisen schon sehr bekannt war,[9] setzten Hopp und Jäger bereits früh einen hohen Anspruch an ihre eigene Architektur fest. Die Zusammenarbeit mit dem Atelier Otto Rheinländer bestand bis zur Aufgabe des Architekturbüros in Hamburg im Jahre 1985.

Übereinstimmend wird von Fachleuten die hohe künstlerische Qualität der Fotos bestätigt. Ein besonderer Effekt wurde auf den Fotos von Rheinländer dadurch erreicht, dass im Hintergrund meist ein dramatisches Wolkengebilde zu erkennen war. Dadurch bekamen die Bilder eine besondere Lebendigkeit. Die Gebäude und hierbei insbesondere die neu geschaffenen Kirchtürme ragten in den Himmel hinein und wurden in ihrer Bedeutung hervorgehoben.

In der JGB-Sammlung im HAA befinden sich insgesamt ca. 1100 Fotos zu Bauten und Entwürfen von Hopp und Jäger. In den ersten Jahrzehnten wurden Negative noch in der frühen Fotografie-Technik auf Glasplatten fixiert. Erst in den letzten Jahren ging das Atelier auch zu anderen Negativformen über. Durch die Feinkörnigkeit der verwendeten Negative war es möglich, auch bei den Digitalisierungen für das H&J-Projekt 2014/15 mit der guten technischen Ausstattung des HAA eine hohe Auflösung der Scans zu realisieren. So ließen und lassen die Aufnahmen in Vergrößerungen oder Ausschnitten noch kleine Details erkennen, so dass eine intensive Auswertung auch in kunstgeschichtlicher Hinsicht ermöglicht wird.

Im Architekturbüro Hopp und Jäger wurden die Fotos von Otto Rheinländer – nach unserer Kenntnis – überwiegend als Nachweis für ihre realisierten Bauten verwendet.

---

[7] Das erhaltene Exemplar des Heftes Ausstellungsleitung (1935) mit den farbigen Abbildungen findet sich im HAA_Schramm_S_531. Vgl. zu dieser Ausstellung bei Gleßmer / Jäger / Hopp (2016) S. 150f.
[8] Digitalisiert für das H&J-Projekt als HAA_ORh_014.1_(0369).
[9] O. Rheinländer hatte u.a. bereits Fotos in „Das deutsche Lichtbild. Jahresschau 1932" veröffentlicht.

E. Jäger erinnert sich, dass sich im Besprechungszimmer des Hauptbüros an der Poststraße 14-16 in Hamburg im 3. Stockwerk zahlreiche Fotoalben mit den jeweiligen Projekten befanden. Es handelte sich dabei um etwa 40x40 cm große Fotobücher, die mit einem hellen naturfarbenen Leineneinband versehen waren. In Form einer Blattsammlung konnten die einzelnen Seiten ergänzt und durch Schraubverschlüsse ausgetauscht werden. Auf den Buchrücken war die jeweilige Projektbezeichnung aufgedruckt. Bei Besprechungen oder Präsentationen konnten die Bücher schnell aus dem Regal gezogen und als Beispiel bzw. als Vorlage genutzt werden. Durch die Größe der Fotoalben kamen die künstlerischen Hochglanzfotos von Rheinländer besonders gut zur Geltung. Die damals noch üblichen Schwarz-Weiß-Fotos gaben den Bauten und Projekten einen sachlichen und nüchternen Gesamteindruck. Leider sind (wohl) nur wenige von diesen Büchern erhalten geblieben.[10]

---

[10] Eine größere Menge dieser Bände zu den jahrelangen Wiederaufbau- und Restaurierungsarbeiten der Hamburger Hauptkirchen St. Katharinen und St. Jacobi befindet sich im Archiv der Nordkirche unter dem Siglum LKAK 32.14.03 Nr. 157-162.169-172 jeweils mit der Herkunftsnotiz „22.10.1973 über Herrn Steinfath (Bauabteilung, LKA von der Firma Hopp und Jäger als Geschenk erhalten LKAH".

Mit einem gewissen Stolz, so hat es Rudolf Jäger einmal erzählt, wurden die Alben nach Beendigung (und vermutlich meist auch nach Abrechnung) des Bauvorhabens dem Bauherrn als Geschenk überreicht. Gleichzeitig war auch die Absicht damit verbunden, irgendwann einmal wieder mit dem gleichen Bauherrn neue Projekte zu realisieren.

Auf dem Foto links, das im Zusammenhang der Richtfeier des neuen Turmhelmes der Hauptkirche St. Jacobi in Hamburg 1960 aufgenommen wurde, hält B. Hopp eines dieser Bücher in der Hand, das später dem Bauherrn übergeben worden ist.[11]

In der Mitte: Bürgermeister
Max Brauer

3.2 Exkurs: Datierungsprobleme der Foto-Dokumente

Das vorangehend abgebildete Foto bietet Anlass, exkursartig auf das Datierungsproblem von denjenigen Fotos der älteren Zeit einzugehen, die einerseits noch ohne Zeitstempel oder ähnliche Zusatzinformationen überliefert wurden,[12] die andererseits jedoch für die baugeschichtliche Rekonstruktion Detailinformationen bieten. Die Angaben oben rechts neben dem Bild mit Max Brauer enthalten nämlich zwei widersprüchliche Elemente: es wird von der Übergabe der „Alben nach Beendigung ... des Bauvorhabens" gesprochen, was jedoch bei der dann erwähnten Richtfeier eigentlich noch nicht der Fall gewesen ist.

Bei der Datierung der Feierlichkeiten zur Fertigstellung des Hamburger St. Jacobi-Turmhelmes gibt es einige Unstimmigkeiten auch in der Literatur, die sich z.T. in Presseberichten widerspiegeln.[13] Sie werden im Zusammenhang einer künftigen Aufarbeitung des sehr umfangreichen Materials zu St. Jacobi, das die Aktivitäten von H&J von 1934 bis in die 1960-er Jahre betrifft, noch detaillierter zu klären sein.

---

[11] Foto: HAA_Jäger_Lüden_N042.6-1062_(0676): Max Brauer (1887-1973; ehem. Bürgermeister), Hans Ehlers (Oberalter), N.N. sowie B. Hopp.

[12] Vgl. auch die Darstellung bei Gleßmer / Jäger (2016b) S. 64f zu Rheinländer-Fotos mit Innenaufnahmen aus der Kirche Maria-Magdalenen.

[13] So etwa die ohne Belege für Bezugsdaten bei Mohaupt (1982) S. 17 enthaltene Angabe: „1959-62 wurde der neu entworfene Turmhelm (Betonkonstruktion mit Kupferverkleidung) errichtet. Mit der Einwölbung des Steinstraßenschiffes fand der Wiederaufbau seinen Abschluß." Die verblüffende Ähnlichkeit zwischen St. Jacobi, Hamburg, und St. Nikolai in Bielefeld hat zu einer literarischen Diskussion geführt: siehe den Beitrag von B. Erenz in Die ZEIT vom 25.3.2016 im Hamburgteil S. 4[11] und einen Monat später den Artikel von T. Güntter in der Neuen Westfälischen (NW in dem auf Bielefeld bezogenen Teil), der für die Fertigstellung des Hamburger St. Jacobi-Turms erst 1963 angibt und den Sachverhalt so beschreibt: es „bestanden die Jakobiner auf dem Bielefelder Modell".

DER TURM
ST. JACOBI
HAMBURG

ST-JACOBI HAT BIS 1580 NUR EINEN DACHREITER GEHABT DER BIS ZUM FIRST REICHEN DE TURMSTUMPF IST 1580 UM 2 GESCHOSSE ERHÖHT UND MIT EINEM REICHVERZIERTEN HELM VERSEHEN WORDEN DIE SPITZE ÜBER EINEM OKTOGON ERREICHTE EINE HÖHE von 110 m DIESER TURMHELM HAT 230 JAHRE GESTANDEN DIE BAROCKE WESTFASSADE IST AUF EINE INSTANDSETZUNG ZURÜCK ZUFÜHREN DIE JOH-NIC-KUHN 1737 BIS 1745 DURCHGEFÜHRT HAT NACH DEM ABBRUCH DES SPÄTMITTELALTERLICHEN TURM HELMES 1810 IST 1824 NOCH EIN WEITERES TURMGESCHOSS ABGEBROCHEN WORDEN IN DEN JAHREN 1827 BIS 1829 HABEN FERSENFELDT UND KOCH DEN TURM ERBAUT DER BIS 1944 GESTANDEN HAT IM LETZTEN KRIEG IST WÄHREND EINES FLIEGERANGRIFFES AM 18 JUNI 1944 MITTAGS 12 20 UHR DER BRENNENDE TURM ÜBER DER KIRCHE ZUSAMMEN GESTÜRZT DER WIEDERAUFBAU DES TURMES BEGANN 1955 MIT DER WIEDERHERSTELLUNG DES TURMSTUMPFES NACH ABSCHLUSS DER PLANUNG FÜR DEN NEUEN TURMHELM IST IM FRÜHJAHR 1959 MIT DEN BAUARBEITEN BEGONNEN WORDEN

FINSTERNIS BEDECKET DAS ERDREICH UND DUNKEL DIE VÖLKER ABER ÜBER DIR GOTT AUF DER HERR +

Von den oben genannten Materialien befindet sich ein großer Teil in den Unterlagen der Bauabteilung des Kirchenkreises Hamburg-Ost. Einerseits sind dort sowohl die von dienstwegen erhaltenen Bauzeichnungen als auch solche durch Dr. Daniel Brunzema 2001 dem Archiv übersandten Zeichnungen und andere Unterlagen aus dem Bestand des ehemaligen Büros JGB vorhanden.

Unter anderem ist eine Zeichnung von Interesse (digital archiviert unter 3262_600_BE_AN_02), die B. Hopp in Analogie zu der 1944 entstandenen ,Parallel-Version' zur Westansicht auf den Turm der Hauptkirche St. Catharinen gestaltet hatte.

Der historisch-dokumentierende Beitext neben der Zeichnung endet mit dem Hinweis:

> „Nach Abschluss der Planung für den neuen Turmhelm ist im Frühjahr 1959 mit den Bauarbeiten begonnen worden."

Die per Hand detailliert ausgestaltete Planungszeichnung enthält allerdings auf den vier Eckstreben des unteren Turmhelmes vier geplante Tiersymbole, die in der Fertigstellung des Turmes dann nicht realisiert wurden. Bei der Presse-Vorstellung der letzlich ausgewählten der verschiedenen Turm-Varianten am 5.10.1959 waren diese Tiersymbole jedoch noch enthalten und in den Modell-Fotos bzw. Foto-Montagen zu sehen, die z.T. in den Tagezeitungen abgedruckt wurde.[14]

Ganz sicher ist das Datum des Richtfestes am 15.9.1960, für das auf den Einladungsschreiben auch eines der im Juli 1960 aufgenommenen Fotos von Ursula Becker-Mosbach verwendet wurde, das den fertiggestellten Rohbau zeigt – wie unten links:[15]

HAA_Becker-Mosbach_-GN_2021_ Ausschnitt

HAA_Jäger_Lüden_N042.6-1062_(0674)_Ausschnitt

---

[14] Hamburger Abendblatt 12. Jg. v. 5.10.1959 S. 1 („Heute zum ersten Male gezeigt: Der sechste Turm in Hamburgs Stadtsilhouette" mit Fotomontage); ‚Die Welt' vom 6.10.1959 (Nr. 232 S. 5: „Ende 1961 soll der neue Jacobiturm stehen" mit Modellfoto sowie ‚1961' darunter).

[15] Belegt etwa durch die offizielle, persönliche Einladung durch Hauptpastor Drechsler vom 24.8.1960 im Nachlass Heinrich Steinfath (WP_20170209_067_Richtfest_StJacobi_1960-09-15). - Foto Becker-Mosbach GN 2021 Jakobikirchturm 28.7.1960. Ein S-W-Foto mit bunten Schleifen findet sich sowohl unter HAA_Jäger_Lüden_N042.6-1062_(0674) als auch im Nachlass Steinfath (St.Jacobi_20170209_0042).

Nach dem Richtfest, bei dem auch die Umhüllungen von der glänzenden Turmspitze entfernt wurden (oben rechts), ist bis zur Fertigstellung der Bedachung des Rohbaus durch Kupfer-Falzbleche über ein Jahr vergangen. Zwischenzeitlich musste u.a. weiter geklärt werden, wie mit den geplanten Figuren verfahren werden sollte, die von Prof. Gustav Seitz (1906-1969) für die vier Eckstreben des unteren Turmhelmes bereits geplant und modelliert worden waren. Nach der Fertigstellung der Bedachung des oberen Turmhelms ist mindestens eines der Modelle vorübergehend auf einer Eckstrebe positioniert worden, wie durch (bisher) undatierte Conti-Fotos belegt ist, die sich im Nachlass H. Steinfath finden.[16]

Ein weiteres Foto vom 25.10.1961 belegt, dass zu diesem Datum die vollständige Bedachung abgeschlossen wurde. Die Handwerker nagelten hinter das letzte Kupferblech-Segment einen entsprechend datierten Text, der mit den Worten beginnt:

„Beim Wiederaufbau des Turmes von St. Jacobi wurden heute die Bauarbeiten durch aufbringen (!) der letzten Kupfertafel beendet."[17]

Es folgen ein Gedicht sowie die Verweise auf den Bauherrn und die Architekten H&J und im unteren Blatttteil eine namenliche Liste mit Polier und den in den verschiedenen Gewerken beteiligten Handwerkern.

Eine Karte mit der Abbildung des vollständig fertiggestellten Turmhelmes ist an die am Bau beteiligten Personen gesandt worden:

„Als Dank für die Mitarbeit am Wiederaufbau des Turmes der Hauptkirche St. Jacobi, Hamburg 1959-1961. Die Kirchengemeinde St. Jacobi"[18]

Leider beginnen in dieser Zeit auch die mehrfachen Krankheitsausfälle B. Hopps, für die in seinem Tagebuch z.B. für 31.10. bis 5.11.1961 vermerkt ist „krank im Haus". Nach der zu Beginn des Jahres erfolgten Emeritierung von Hauptpastor Adolf Drechsler (1.1.1961) wurden Gespräche über die weitere Turm-Gestaltung (u.a. Raum für das ‚Museum') auch mit dem LKA geführt,[19] bevor im Januar 1962 der kurzzeitige Nachfolger, Dr. Hans Engelland, seinen Dienst antrat und am 21.1.1962 eingeführt wurde. Allerdings blieb Dr. Engelland St. Jacobi nur bis zu seiner Berufung zum Professor für Systematische Theologie (Universität Kiel) im Mai 1963 als Hauptpastor erhalten. Sein Nachfolger, Dr. Paul Seifert, wurde dann erst im Dezember 1964 ins Amt eingeführt.

---

[16] Im Nachlass Heinrich Steinfath Conti Press_St.Jacobi_20170209_0055 und Conti-Press St.Jacobi_20170209_0056. (Der Bestand der Conti-Originale findet sich im Staatsarchiv HH).

[17] Im Fotoband St. Jacobi (Nachlass H. Steinfath) erhalten: Conti Press_St.Jacobi_20170209_0051.

[18] Im 1971 von R. Jäger für Edite Hopp zum 70. Geburtstag zusammengestellten Fotobuch (hinter einem eingelegten Zeitschriften-Ausriss aus dem Hamburger Abendblatt vom 3.8.2001 S. 14 „St. Jacobi – Diese Kugel ist Spitze", in dem (wohl auf den u.a. auch abgebildeten L. Mohaupt zurückgehend) von den Dokumenten in der alten Kugel von ,1962' die Rede ist.

[19] U.a. am 10.11.1961 ist ein Gespräch zu diesem Thema im LKA (Dr. Otto Bobrowski) sowie für den 20.11.1961 ein Hopp-Referat im LKA zur Jacobiturm-Gestaltung vermerkt. In einer Aktennotiz vom 16.3.1962 blickt Hopp im Zusammenhang der Museumsarbeiten auf den Herbst 1963 voraus: „Es ist gedacht eine große Au[s]stellung aus Anlaß der Fertigstellung und des Abschlusses der 20-jährigen Bautätigkeit zu veranstalten" (Hopp_B_Jacobi_2.pdf S. 21).

Wegen Krankenhausaufenthalten und Tod von Bernhard Hopp am 18.9.1962 war in diesen – auch durch Amtswechsel geprägten – Zeiten vermutlich nicht an eine separate, größere Einweihungsfeier zur Fertigstellung des Turmhelms zu denken. Die Sturmflut am 16./17.2.1962 hat zudem zu Umgewichtungen im finanziellen Aufwand geführt, mit dem seitens der Stadt Hamburg zur Wiederherstellung des Turmes beigetragen wurde.

Die beiden bei L. Mohaupt unausgeglichen enthaltenen Datierungen für den Abschluss des Wiederaufbaus 1962 bzw. 1963 beziehen auch die Einwölbung des Südschiffes mit ein. Ob und wie wohl eine gottesdienstliche Einweihungsfeier stattgefunden hat, wird aus den St. Jacobi-Archivalien noch zu eruieren sein. Sicher ist jedenfalls inzwischen Folgendes:

Das vom H&J-Projekt mehrfach verwendete und einer „Einweihung des Turmes St. Jacobi 1961" unrichtig zugeordnete Lüden-Foto [jetzt auch im Ausschnitt wieder auf dem Deckblatt verwendet und in der Menge der Scans als HAA_Jäger_Lüden_N042.6-1062_(0685) bezeichnet],[20] das die beiden Personen, Bernhard Hopp und Rudolf Jäger, ursprünglich innerhalb einer Gruppe mehrerer Personen zeigt, stammt aus der Situation des Richtfestes.

Dieses geht einerseits daraus hervor, dass sowohl Hopp und Jäger als auch die umgebenden Personen (u.a. der Kirchenvorsteher Dr. Ehlers) mit gleicher Kleidung auch auf den anderen Fotos zu sehen und andererseits im Hintergrund die Fenster des Gebäudes des damaligen Landeskirchenamtes in der Bugenhagenstraße erkennbar sind, die so ebenfalls den Kontext auf dem freien Platz des Jacobikirchhofes voraussetzen.[21]

Vor allem bildet das Vorhandensein der Fotos von dem mit bunten Bändern geschmückten Turm auf demselben Negativ-Film HAA_Jäger_Lüden_N042 von W. Lüden das entscheidende Indiz, dass es ebenfalls um die Feier des Richtfestes am 15.9.1960 geht, bei dem Bischof Karl Witte (1893-1966) gemeinsam noch mit Bürgermeister Max Brauer (1887-1973) prominent agiert haben. Letzterer hat bis zum 20.12.1960 als Bürgermeister amtiert.[22]

Für die gesamte Datierung des Wiederaufbaus gibt die Erinnerungstafel von 1964 in der Turmhalle (Nordwand) als Abschluss 1962 an:

„... Der Wiederaufbau unter Leitung der Architekten Bernhard Hopp und Rudolf Jäger begann 1952 und wurde 1962 beendet. ... Im Jahre 1962 war Dr. Nevermann Bürgermeister und D. Dr. Engelland Hauptpastor an St. Jacobi + Glaubet ihr nicht, so bleibet ihr nicht ++ Soli deo gloria."[23]

Für den oben benannten (lokalpatriotischen) journalistischen Einwurf über die Priorität des Bielefelder Altstädter Nikolai-Turmhelmes[24] ergeben die Quellen keinen Anhaltspunkt. Interessant wären aber tatsächlich weitere, künftige Detailuntersuchungen zur Frage, wie die Entscheidungskriterien für die sehr ähnlich in Hamburg und Bielefeld realisierten Varianten begründet und gewichtet wurden.[25] –

---

[20] HAA_Jäger_Lüden_N042.6-1062_(0685) – wie in der Freistellung auf dem Cover sowie auch unter www.huj-projekt.de/downloads/hopp_u_jaeger-flyer.pdf.

[21] Fotos im Nachlass H. Steinfath (HSt_Lüden_St.Jacobi_20170209_0045).

[22] Siehe https://de.wikipedia.org/wiki/Max_Brauer.

[23] Siehe unter „4.3.48" den Bildausschnitt; Transkription bei Klée-Gobert (1968) S. 229.

[24] Siehe in Anm. 13.

[25] Für die Altstädter Nikolaikirche liegen u.a. in den Lüden-Fotos zahlreiche Entwurfsvarianten vor, die jedoch erst in einer zweiten Serie solche Formen bieten, die St. Jacobi ähneln wie z.B.

So ließen sich Vorlieben und Zeitbedingungen der Entscheidungsträger weiter erheben, die gerade für die Wiederherstellung historischer Bauten von Interesse sind, wenn nicht die Fiktion einer reinen Rekonstruktion an das Gebäude herangetragen wird, sondern wahrgenommen wird, wie Menschen beteiligt sind, so dass „das Gebäude Dokument des Geschichtsablaufs und nicht eines Zustandes ist".[26]

3.3 Walter Lüden

Walter Lüden (1914-1996)[27] hat erst in der Nachkriegszeit sein Hobby zu seinem Beruf gemacht und speziell in Hamburg durch seine Fotografien des Hamburger Hafens Bekanntheit erreicht. [28]

Unter der Adresse hatte zuvor der Fotograf v. Seggern sein Atelier.[29]

Das Spektrum der von ihm fotografierten Bereiche des Wirtschaftslebens sowie alltäglicher Dinge und Freizeit-Hobbies umfasst weit mehr Themen, wie die nebenstehende von ihm selbst fotografierte „Themenliste" zeigt, die als Negativ erhalten ist: HAA_Jäger_Lüden_N065.3382_(0407).

Foto Lüden
Hamburg 36
Poststr.14-16

Themenliste

Alles über Hamburg und den Hafen
Schiffahrt - Werften - Schiffsmodelle
Schleswig-Holstein mit Nordfriesischen Inseln und Halligen
Jütland von Tondern bis Skagen
Niederelbe - Altes Land
Segeln - Kieler Woche
Holland - Skandinav.Hauptstädte
London und Südengland
Wald und Heide - Tiere und Hagenbek
Deutsche Städte und Landschaften
Salzburg
Schweiz und die Alpen
Blumen und IGA 63
Berlin
Menschen und Berufe
Kinder - Jugend
Kirchen - Kunst - Versteinerungen - Museen
Industrie
Münzen - Briefmarken - Kacheln (Fliesen)
Archiv Schwarzweiß 18x24, Color 6x6 Dias

die Foto-Montagen HAA_Jäger_Lüden_N024.3101_(0971ff) oder das Modell HAA_Jäger_-Lüden_N025.3107_(0961). Sicher ist durch ein datiertes Bielefeld-Foto im Bundesarchiv vom 29.3.1961 (Bundesarchiv_B_145_Bild-F009886-0002,_Bielefeld,_Stadtaufnahme durch Simon Müller), das noch den Turmstumpf zeigt, dass zu diesem Zeitpunkt die Arbeiten für die Erneuerung des Altstädter Nikolai-Turmhelmes nicht begonnen waren.

[26] Kleineschulte (2008) SB S. 116.
[27] Siehe zu Walter Lüden den Eintrag in der Deutschen Nationalbibliografie unter: http://d-nb.info/gnd/129015482.
[28] Gemeinsam mit Hans-Jürgen Hansen hat er 1953 bereits ein Fotobuch erarbeitet: „Hamburg Weltstadt am Strom", in dem er S. 64 „Ein Wort an den Photofreund" mit der empfohlenen Ausrüstung (inklusive Objektive, Filter, Entwickler sowie Adox-Filme) angefügt.
[29] W. Lüdens Atelier wurde später von Eberhard W. Haase aufgekauft, wie Nachbestellungen von St. Jacobi-Fotos mit den Entwurfs Fotomontagen und ihren Varianten zeigen, die sich im Nachlass Dr. Gisela Hopp fanden.

Das vorstehend abgebildete wie auch ein großer Teil weiterer Negative, die H&J-Bauten betreffen, ist durch den Nachlass von R. Jäger Teil des Bestandes im HAA geworden. Insofern erklärt sich die Benennung des zuvor wiedergegebenen Bildes von B. Hopp und dem Fotoalbum, das in der Fußnote oben mit dem Siglum „HAA_Jäger_Lüden_N042.6-1062_(0676)" versehen ist, daraus, dass es ein Teil im Bestand „Jäger" darstellt. Diesen hatte die Witwe von R. Jäger, Mechthild Jäger, 1979 von Walter Lüden gekauft. Auf diese Weise ist der Bestand mit dem Nachlass im HAA archiviert worden. – Allerdings sind nicht alle Negative aus dem alten Bestand von W. Lüden damals von Lüden an Familie Jäger übergeben worden. Dieses ergibt sich aus einem Vergleich derjenigen Bilder, die sich im LKAK mit einer Lüden-Signatur in den oben erwähnten Fotobänden befinden (St. Katharinen und St. Jacobi),[30] die teils jedoch nicht im Bestand HAA_Jäger_Lüden_N... vorhanden sind.

Trotzdem stellt der im HAA erhaltene Bestand eine weitere Grundlage und ein wichtiges Bestandteil der Fotodokumentation zum Werk von Hopp und Jäger dar. Aus den Fotos des Nachlasses wird deutlich, dass der im selben Gebäude in der Poststraße 14-16 wirkende Walter Lüden u.a. spontan für Modellfotos und das Ablichten von Zeichnungen und Skizzen herangezogen wurde. Auch für „Nachweis- und Dokumentationsfotos" etwa von Fundament-Sicherungen auf einigen Baustellen in der Innenstadt wurde er beauftragt. Auf einigen anderen Fotos sind neben den in Innenräumen oder im Sonnenlicht des Innenhofes fotografierten Gebäude-Modellen auch Bereiche dieser Umgebung zu erkennen. Neben Details von Innenräumen sind ab und zu auch Büro-Mitarbeiter oder die Chefs zu sehen bzw. aus der Körperhaltung zu erahnen.

E. Jäger erinnert sich:

„Das Atelier von Walter Lüden befand sich ebenfalls im Bürohaus an der Poststraße 14-16. Im so genannten ‚Streits-Hof' hatte Walter Lüden ein Fotoatelier im 4. Stock des Hauses angemietet. Er betrieb dort auch ein Geschäft für Fotoentwicklung und Vergrößerungen. Es befand sich ein Stockwerk höher als das Hauptbüro von Hopp und Jäger im 3. Stockwerk. Auf dem Weg zum ‚Zeichensaal' des Architekturbüros im 5.Stock kam man am Atelier von Walter Lüden vorbei. Vermutlich hat sich durch diese Nähe eine weitere Zusammenarbeit mit diesem Fotografen ergeben. Auch für die Entwicklung der privaten Fotos von Rudolf Jäger und seiner Familie wurde das Atelier von Walter Lüden über viele Jahre beauftragt. Bei den spontanen Besuchen im Büro Hopp und Jäger muss Walter Lüden außer seinem Fotoapparat und den Lampen zum Ausleuchten der Modelle und Pläne auch immer ein großes schwarzes Tuch für das Abdecken des Hintergrundes dabei gehabt haben. Auf manchen Fotos ist zu erkennen, dass auf den Zeichentischen und vor Bücherschränken ein kleines Fotoatelier aufgebaut wurde."

Von Bernhard Hopp und Rudolf Jäger gibt es nur sehr wenige Fotos, auf denen sie gemeinsam zu sehen sind.

---

[30] Vermerkt ist jeweils „22.10.1973 über Herrn Steinfath (Bauabteilung, LKA) von der Firma Hopp und Jäger als Geschenk erhalten LKAH" zur jeweiligen Signatur: LKAK 32.14.03 St. Katharinen Nr. 157-162; St. Jacobi 169-172.

Auf der bereits erwähnten Veranstaltung am 15.9.1960 zur Richtfeier des neuen Turmhelms der Hauptkirche St. Jacobi in Hamburg hat Walter Lüden das Ereignis und auch den ‚Aufmarsch der Prominenz' vor der Kirche mit dem Bürgermeister Max Brauer festgehalten. (Er wurde im Dezember 1960 von Paul Nevermann im Amt abgelöst).[31]

Die Präsenz des Sozialdemokraten Max Brauer bei kirchlichen Wiedereinweihungen hatte bereits 10 Jahre zuvor verblüfft und ist u.a. auch deshalb wert, dokumentiert zu sein.[32]

Walter Lüden hat an diesem Tag auch die beiden Architekten fotografiert:

Sie stehen hintereinander, der kleinere und ältere Bernhard Hopp vorne und der größere und jüngere Rudolf Jäger dahinter. In dieser Reihenfolge haben sie vielleicht auch ihre Stellung innerhalb ihrer Architektenarbeitsgemeinschaft verstanden. Beide sehen der Zeremonie gefasst und – so hat man den Eindruck – nicht ohne ein gewisses Selbstbewusstsein und großer Genugtuung zu.

Der Fotoausschnitt[33] zeigt H&J zu diesem Zeitpunkt auf dem Höhepunkt ihrer Arbeit: sie können auf ein umfangreiches Werk zurückblicken, die Auftragslage ist zufriedenstellend und lässt auf eine weitere erfolgreiche Zukunft hoffen. Aber im darauf folgenden Jahr erkrankt Bernhard Hopp schwer und stirbt am 18.9.1962. So stellt dieses gemeinsame Foto von Bernhard Hopp und Rudolf Jäger aus dem Jahr 1960 auch in dieser Hinsicht ein besonderes Dokument dar.

Walter Lüden hat sich in Hamburg als Fotograf mit beeindruckenden Fotos aus dem Alltagsleben der Stadt hervorgetan. In vielen Publikationen und Zeitungen wurden in der Nachkriegszeit der 1950-er und 60-er Jahre seine Bilder abgedruckt. Erst 2014 ist von Jan Zimmermann im Junius-Verlag ein großartiges Buch mit Fotos von Walter Lüden herausgegeben worden.[34] Sie zeigen Lüdens besondere Blickweise auf die Stadt und seine Menschen. Unter den Fotos von Walter Lüden, die sich im Nachlass von Rudolf Jäger befinden, gibt es auch solche typischen „Stimmungs-

---

[31] Das Bild HAA_Jäger_Lüden_N042.6-1062_(0675) zeigt Max Brauer (vgl. bereits das Foto oben) mit Bischof Karl Witte (1893-1966).

[32] Vgl. Hammer (1991) ZVHG S. 98ff mit Abbildung 7, die Brauer auf den Stufen des Altars in der Christianskirche Ottensen am 17.12.1950 bei der Wiedereinweihung dieser auch von H&J restaurierten Kirche zeigt. Zu M. Brauer als Altonaer Bürgermeister und Teilnehmer der Veranstaltung zur Verlesung des sog. „Altonaer Bekenntnisses", am 11.1.1933 siehe Halver (1985) SB S. 187.

[33] HAA_Jäger_Lüden_N042.6-1062_(0686).

[34] Zimmermann (2014). Walter Lüden: Hamburg. Fotos 1947–1965. Hrsg. von Jan Zimmermann. Junius Verlag, Hamburg 2014.

und Milieubilder". Sie beziehen sich nicht nur auf die Baustellen von Hopp und Jäger und die Handwerker, die an der Wiederherstellung der Hauptkirchen St. Katharinen und St. Jacobi in der Nähe seines Ateliers arbeiten. Es ist nicht festzustellen, ob es sich bei diesen besonders eindrucksvollen Fotos auf den Baustellen um Auftragsarbeiten für Hopp und Jäger handelt, oder ob Walter Lüden diese Bilder aus eigener Motivation aufgenommen hat. Im Hinblick auf sein Gesamtwerk ist anzunehmen, dass er immer mit einem für besondere Situation „sehenden Auge" (und seiner Kamera-Ausrüstung) durch die Stadt ging und entsprechend auch auf den Baustellen von Hopp und Jäger unterwegs war. Unter diesem Aspekt stellt die „Sammlung Lüden" insgesamt eine großartige Ergänzung zu den Kunst- und Gebäudefotos von Otto Rheinländer dar. Auch diese Darstellungsvariante muss als Glücksfall für unsere Dokumentation angesehen werden, auch wenn im Weiteren nur eine sehr geringe Anzahl von dieser Art Schnappschüssen gezeigt werden kann.[35]

Nach dem Tod von Rudolf Jäger 1978 bemühten sich seine Frau Mechthild Jäger zusammen mit dem Sohn Emmerich Jäger, einen Teil des Nachlasses zusammenzutragen. Dabei erinnerten sie sich auch an die Zusammenarbeit des Architekturbüros mit Walter Lüden. Mechthild Jäger nahm Kontakt zu Walter Lüden auf, der sich nach Wyk auf Föhr zurückgezogen hatte. Bei einem Besuch in Wyk wurde festgestellt, dass noch zahlreiche Negative von Auftragsarbeiten bei Walter Lüden vorhanden waren. Er stellte daraufhin die entsprechend aus der Beschriftung erkennbaren Negativfilme mit Fotos von Bauten und Projekten der Architekten Hopp und Jäger zusammen und verkaufte sie an Mechthild Jäger. Emmerich Jäger bezog die Sammlung nach dem Tod seiner Mutter in den Nachlass von Rudolf Jäger ein und übergab sie 2013 dem HAA.

Bei der Durcharbeitung und Digitalisierung dieser umfangreichen Fotosammlung in den Negativfilmen zeigten auch die vielen anderen Themen und Objekte, dass und wie Walter Lüden auf vielen Gebieten sowie für viele andere Firmen und privat tätig war. Von den Architekturbildern können leider nur wenige Fotos einzelnen Objekten zugeordnet werden. Obwohl die Negativtaschen mit Stichworten beschriftet und vom Atelier Lüden nummeriert worden sind, können viele unbezeichnete Projekte nicht genau benannt werden. Insgesamt sind 109 Negativfilme im Nachlass Jäger mit Aufnahmen Walter Lüdens im HAA erhalten. Leider sind jedoch die Nummerierungen der Negativfime kaum mit denjenigen Nummern in Übereinstimmung zu bringen, die vom Atelier Lüden für einzelne Fotos etwa bei Bestellungen verwendet wurden. Es muss ursprünglich noch Konkordanzlisten gegeben haben, mit deren Hilfe die Negativfilme nutzbar waren, um gezielt Nachbestellungen von Reproduktionen anfertigen zu können. Diese sind im Bestand leider jedoch nicht erhalten.

---

[35] Eine große Menge von solchen Fotos liegt inzwischen in einem internen Druck „Hauptkirche St. Katharinen Hamburg – Wiederaufbau nach der Zerstörung 1943" von Heiner Steinfath (2017) mit Dokumentationen und Fotos aus dem Nachlass seines Vaters, Heinrich Steinfath, vor, der erst als Bauleiter für H&J sowie dann ab 1959 als Leiter des Bautrupps der Hamburgischen Landeskirche einen wesentlichen Anteil an den Wiederaufbauarbeiten der Hamburger Hauptkirchen geleistet hat.

Da die meisten Negativfilme 36 Bilder enthalten, sind bei 109 Filmen fast 4000 Einzelnegative vorhanden. Allerdings hat Lüden ganz häufig von einem Objekt drei oder mehr Aufnahmen erstellt – z.T. mit unterschiedlichen Belichtungszeiten oder Blendeneinstellungen – sowie zudem auch aus variierenden Perspektiven. Aus der Gesamtmenge wurden deshalb beim Digitalisieren nur 1412 Bilder ausgewählt und der restliche Teil an Negativen wurde zwar gesichtet, blieb jedoch ansonsten ungescannt. Die Auswahl erlaubt jedoch eine thematische Näherbestimmung der Bildinhalte, so dass bei Bedarf die Filme identifiziert und weitere Negative zusätzlich digitalisiert werden könnten.

Inhaltlich ist es so, dass 897 der gescannten Fotos den bekannten H&J-Kirchbauten zugeordnet werden können. Bei 515 der Bilder handelt es sich z.T. um Darstellungen von Projekten (meist aus Wettbewerben), die bisher noch nicht sicher als Alternativentwürfe erkennbar sind. Etwa Zweidrittel dieser Fotos beinhalten andere Themen aus dem Repertoire von Walter Lüden, die uns zu dessen Dokumentation interessant erschienen. (Wegen der künstlerischen und historischen Bedeutung für Hamburg sollten gerade diese Fotos noch einmal gesichtet und ausgewertet werden.)

3.4 Ursula Becker-Mosbach

Zu den Fotografen, die sich mit Bauten von Hopp und Jäger beschäftigten, zählt auch Ursula Becker-Mosbach (1922-2002).[36] Sie fotografierte und dokumentierte u.a. neben dem Fotografen Ernst Scheel für die Architekten-Arbeitsgemeinschaft Grindelberg die neuen Hochhäuser. Es war das erste große Bauvorhaben nach dem Zweiten Weltkrieg in Hamburg. Frau Becker-Mosbach ist von 1950 – 1975 ebenfalls als Architekturfotografin für viele Hamburger Architekten tätig gewesen. Ihr Nachlass im Umfang von ca. 4000 Fotos befindet sich ähnlich wie die oben bereits genannten Bestände von O. Rheinländer und von W. Lüden im Hamburgischen Architekturarchiv.

Rudolf Jäger hatte als Mitglied der Arbeitsgemeinschaft zusammen mit Ferdinand Streb federführend das Bürohaus geplant, in dem sich heute das Bezirksamt Hamburg-Nord befindet. Als Abschiedsgeschenk bekamen alle verantwortlichen Architekten einen gebundenen Fotoband mit Fotos von Frau Becker-Mosbach zu den einzelnen Hochhäusern. Dieses Buch hatte sich noch viele Jahre im Nachlass von Rudolf Jäger befunden.

3.5 Zusammenfassung

In früheren Jahren war es üblich, dass Architekten ihre Bauten von professionellen Fotografen fotografieren ließen. Auch im Umfeld des Architekturbüros von Hopp und Jäger in der Poststraße 14-16 in der Hamburger Innenstadt gab es viele Ateliers von selbstständigen Fotografen. Es ist ein Glücksfall, dass Hopp und Jäger und auch die Nachfolger Johannes Gries und Dr. Daniel Brunzema ‚ihren‘ Fotografen treu geblieben sind. Dadurch ist eine Sammlung entstanden, die es

---

[36] Siehe http://architekturarchiv-web.de/portraets/a-d/becker-mosbach/index.html zu einer biografischen Skizze von Karl Heinz Hoffmann (HAA).

ermöglicht, einen gewissen Gesamtüberblick über die Bauten zu bekommen. Insbesondere die Ablichtung unmittelbar nach der Fertigstellung der Projekte bietet die Möglichkeit, die Bauwerke noch im Originalzustand sehen zu können.

Mit den Fotobeständen von Otto Rheinländer und Walter Lüden können fast alle Kirchbauten und über die Hälfte der Kirchenumbauten und Renovierungen sowie andere Projekte dargestellt werden. Damit ergibt sich eine gute, wenn auch nicht vollständige Übersicht über das Gesamtwerk. Während der bisherigen Arbeit an der Dokumentation über die Architekten Hopp und Jäger zeigte sich, dass eine Ausarbeitung über jedes einzelne Bauwerk nicht möglich ist. Im „Projektbericht Nr. 1 (Stand März 2016)" wurden viele Dokumente und ihre Quellen nachgewiesen. Weiteres Material wurde in parallel erstellten Studien zu Einzelbauwerken erarbeitet. Es hat sich als sinnvoll erwiesen, je nach Datenlage und Interesse der Beteiligten einzelne Projekte intensiver und (möglichst) im Kontakt mit den Gemeinden und den dort verfügbaren Informationen und Archivalien zu bearbeiten. Dieses kann aber nicht gleichzeitig unternommen werden.

Mit den Fotosammlungen und der Auswahl einiger Fotos pro Bauwerk und Projekt wird zumindest der Versuch unternommen, einen wesentlichen Teil des Gesamt-werks darzustellen. Die Fotos bieten dazu eine ideale Möglichkeit und auch ggf. Anreiz in den Gemeinden ihrer Baugeschichte mehr Aufmerksamkeit zu widmen. Zu beachten ist dabei, dass für manche Projekte nur einige Fotos vorhanden sind, die auch nicht immer die wichtigen und prägenden Perspektiven auf ein Objekt wiedergeben. (Sie könnten durch am Ort verfügbare Informationen ergänzt werden). Trotzdem sind die Bilder übernommen worden, um so viele Projekte wie möglich zeigen zu können.

Mit der chronologischen Zuordnung der Bauten und Projekte kann auch die künstlerische Entwicklung im Büro Hopp und Jäger nachvollzogen werden. Die Angaben zu den einzelnen Objekten ist auf einige wenige Daten, wie Ortsangabe und Kirchenname sowie Pastoren und Künstler beschränkt, die am Bau beteiligt waren. Damit soll der Fokus auf die Architektur der Bauten gelenkt werden. Leider konnten auch nicht bei allen Objekten die beteiligten Mitarbeiterinnen und Mitarbeiter aus dem Architekturbüro ermittelt werden, die sicher auch einen gewissen Einfluss auf die Entwürfe gehabt haben. Einige Daten sind aus den aktuellen Internetauftritten der jeweiligen Kirchengemeinden übernommen und entsprechend gekennzeichnet worden.

Mit Informationen versorgt haben uns auch einige Kirchengemeinden direkt, die so freundlich waren, entweder bereits auf den ersten Fragebogen von 2014 zu antworten[37] oder die uns direkten Zugang zu ihren Archivalien gewährt[38] bzw. uns

---

[37] Pastor Falk und Kantor Kühne (Thomas-Kirche / HH-Bramfeld), Pastor Kern (St. Marien / Balje), Gemeinde (Matthäuskirche / Münster).
[38] Pastor Voigt, Pastorin Tröstler, Frau Rebentisch (Lutherkirche / HH-Wellingsbüttel), Pastorin Neddermeyer (Osterkirche / HH-Bramfeld), Pastor Dr. Blömer (Lutherkirche / Fredenbek), Pastor Kern und Herr v. Thun (St. Marien /Balje), Frau Wallisch und Pastor Eisbein (Mulsum), Herr Baack (Lamstedt).

mit Festschriften versorgt haben.[39] Ähnlich sind über mehrere Phasen unseres Projektes die Kirchenarchive und kirchliche Bauabteilungen sehr hilfreich gewesen.[40]

Insgesamt handelt es sich um „Work in progress", wie auch ein Rezensent zur ersten Veröffentlichung unserer Reihe ‚Beitrag zum Hopp-und-Jäger-Projekt (www.huj-projekt.de)' schrieb.[41] Deutlich ist, dass noch manches an Details zu erarbeiten ist und manches möglicherweise durch den mangelhaften Informationsstand auch bisher fehlerhaft sein kann. Unsere Beobachtung ist, dass dadurch, dass wir uns wagen so heranzugehen, erst diejenigen, die es besser wissen, motiviert werden, ihren Informationsstand mitzuteilen. In diesem Sinne freuen wir uns über Korrekturen und wünschen uns Hinweise auf unbeachtetes Material. Die Vorläufigkeit dieses „Projektberichtes Nr. 2" und die uns hoffentlich vergönnte Zeit zur Fortsetzung weiterer Veröffentlichungen – auch durch die anderen Mitglieder unseres Projekt-Teams – lässt erwarten, dass sich das Gesamtbild weiter vervollständigt.

Ganz besonders wichtig für die Vervollständigung des Bildes ist es, dass diejenigen Personen, die noch direkte Kenntnisse über die Arbeit und Mitarbeiter des Architekturbüros haben, uns mit ihrem Informationsstand weiterhelfen. So ist besonders Frau Liesbeth Brunzema für ihre Mithilfe zu danken! Über sie ist der Kontakt zu Pastor i.R. Herbert Wohlhüter zustande gekommen, der seinerseits mit Herrn Gries und anderen Mitarbeitern lange in Verbindung stand. Wir würden uns freuen, wenn die Fotos von den Projekten (und z.T. unvollständiges Detailwissen) auch weiterhin anregend wirken könnten.

Eine weitere Informationsquelle und persönliche Bereicherung ist im Frühjahr 2017 zum Team hinzugestoßen: Architekt Dipl.-Ing. Heiner Steinfath, dessen Vater und Kirchenbaumeister Heinrich Steinfath über 20 Jahre in der Anfangszeit des Architekturbüros H&J von 1937 bis 1959 wesentlich die Projekte mit erarbeitet hat. Zum Glück war der Vater zugleich ein Heimatkundler und Sammler von vielen Detailinformationen, die sein Sohn glücklicherweise neu zugänglich macht.[42]

---

[39] Pastorin Dr. Usarski (Friedenskirche / HH-Berne); Frau Holl (Jacobi- u. Paul-Gerhardt-Kirche / Rheine); Prof. W. Kahl u. Pastor Öser (Missionsakademie / HH-Nienstedten), Pastor Hölck (Christuskirche / HH-Wandsbek), Pastor Dr. Behr (Johanniskirche / Stade).

[40] LKAK Frau J. Brüdegam. Nicola Vollmer und Marvin Jobs; Bauabteilung KK Hamburg-Ost Frau S. Rehder; Frau Postel (Ökumenische Studentenwohnheime e.V. bzw. Überseekolleg / HH-Alsterdorf).

[41] B. v. Hennigs (2016) ZVHG S. 225.

[42] Siehe dazu u.a. unten bei Anm. 104 sowie die Verweise auf ‚Nachlass Steinfath'.

4   Bildliche Dokumentation zur Werkliste

Die unten verwendete Abfolge der einzelnen Elemente entspricht der im „Projekt-bericht Nr. 1" (vom März 2016). Dabei werden inzwischen erkennbare Abweichungen zur älteren Situation im Text erläutert, wenn sich aus den bis dahin genutzten Listen übernommene Informationen inzwischen als korrekturbedürftig herausgestellt haben. Glücklicherweise ist das nur an einigen wenigen Stellen der Fall wie etwa bei der Nr. 4.3.4: dort handelt es sich in der Quelle um eine Verwechselung mit der Turmhalle der St.Jacobi-Kirche in der Hamburger Altstadt, die zudem erst 1935 eingeweiht wurde. So kommt es gelegentlich auch dazu, dass die eigentlich in der Nummerierung enthaltene zeitliche Abfolge in der Dokumentation nicht konsequent eingehalten werden kann, in diesem Falle ist zudem ein doppelter Eintrag durch die Wiederaufbauphase in der Nachkriegszeit entstanden (4.3.48).

4.1   Verweise auf Personennamen

Zur bildlichen Dokumentation sind – wo möglich – zusätzliche Informationen beigefügt. Um den Schwerpunkt der Darstellung auf der bildlichen Wiedergabe des jeweiligen Bauwerks zu belassen, ist für die Zusatzinformationen die jeweils kürzeste Form gewählt. Vor allem sind die Informationen zu den Künstlern sowie zu den H&J-Mitarbeitern nur auf deren Namen reduziert, solange dadurch nicht Mißverständnisse sich ergeben hätten (ggf. werden die Anfangsbuchstaben von Vornamen ergänzt). So zu verfahren bietet sich auch dadurch an, dass die etwas ausführlicheren Informationen zu den Einzelpersonen nicht redundat erscheinen, sondern auf ein Kapitel konzentriert bleibten, während die Kurzform der Namens-nennung auch an mehreren Stellen bei den unterschiedlichen Bauwerken erfolgen kann.

4.2   Detailangaben und schematische Abkürzungen

Aus einem ähnlichen Grund der Platzersparnis werden meist Details ebenfalls möglichst kurz notiert und dabei ein Schematismus verfolgt, der die folgenden Abkürzungen verwendet:

BZ (=Bauzeit); GL(=Grundsteinlegung); EW(=Einweihung); NG (=Nebengebäude)

OP (=Ortspastor); WM (=weitere kirchliche Mitarbeiter);

Kü (=Künstler) und deren Personennamen – meist in Klammern gefolgt von einer oder mehreren Abkürzungen: A(=Altargestaltung); B(=Beleuchtungskörper); F(=Fenster-malerei); G(=Geräte des Abendmahlstisches); K(=Kanzel); L(=Leuchter auf dem Altar); P(=Paramente); R(=Retabel); S(=Sitzgestaltung); T(=Taufstein oder Taufbecken); W(=Wandmalerei).

Ergänzend sind manchmal auch Jahreszahlen zugefügt, weil manche Ausstattungs-elemente nicht der Bauzeit zugehören, sondern zu einem anderen Zeitpunkt in das Bauwerk eingebracht wurden.

MA (=Mitarbeiter von H&J- bzw. JGB)

4.3 Kirchenbauten im ‚Projekbericht Nr. 1'

Wie bereits eingangs beschrieben ist die Reihenfolge und Nummerierung im vorliegenden Abschnitt an dem bereits im ‚Projektbericht Nr. 1' erarbeiteten Bestand der Werkliste orientiert, um eine leichtere Übersichtlichkeit zu erreichen. Außerdem soll für jedes Bauwerk eine neue Seite begonnen werden, um so den Überblick weiter zu vereinfachen.

Die den Bildern vorangestellten Informationen zu den künstlerischen Ausgestaltungen sind unterschiedlichen Quellen zu verdanken und beziehen z.t. auch solche Gestaltungselemente mit ein, die nicht separat auf den Fotos zu sehen sind. Ein Teil der Informationen ist der Literatur entnommen und nicht durch die Gemeinden und deren Archivalien abgesichert, so dass eine gewisse Unsicherheit über die Korrektheit verbleibt, solange nicht eine eigenständige Dokumentation zu den einzelnen Bauwerken erarbeitet ist. Die bisher vorgenommenen Einzelrecherchen – etwa zum Abendmahlsgeschirr oder ursprünglichen Altarschmuck der Lutherkirche (4.3.12), zum Altarwandbild in der Kirche Maria-Magdalenen (4.3.16) oder zum Altarwandbild in der St. Nicolaus-Kirche in Alsterdorf (4.3.18) – lassen erkennen, dass in verschiedenen Veröffentlichungen z.T. auch Zuschreibungen vorgenommen werden, die einer Überprüfung nicht standhalten. – Das wird auch z.T. bei den nur ‚abgeschriebenen' Informationen der Fall sein, die unten beigefügt sind. Für korrigierende, ergänzende und besser dokumentierende Hinweise sowie die Übersendungen von Festschriften oder ähnlichen Publikationen mit entsprechenden Details ist das HuJ-Projekt dankbar.

Für den regional beschränkten Hamburger Raum existiert eine Zusammenstellung in dem Werk „Die Kirchen der Hamburgischen Landeskirche", das 1970 gedruckt erschienen ist. Der Text wurde von Helga-Maria Kühn und die Bilddokumentation von Brigitte Rohrbeck erarbeitet.[43] Herausgegeben wurde das Buch vom ‚Archiv der Landeskirche' und mit einem Vorwort von Bischof Otto Wölber versehen. So wurde kurz vor dem Zusammenschluss zur Nordelbischen Kirche der damalige Bestand dieser kirchlichen Teil-Region dokumentiert.

Für eine weitere Teil-Region existiert eine Bilddokumentation dadurch, dass in einer Festschrift für Bischof Reinhard Wester „Kirche zwischen Nord- und Ostsee. Ein Bildbericht über die Evangelisch-Lutherische Landeskirche Schleswig-Holsteins" 1967 fotografisch in einer reichlichen Auswahl von Alf Schreyer präsentiert und von Wolfgang Baader im Auftrag des Evangelischen Presseverbandes Nord herausgegeben wurde.[44] Allerdings sind hier die textlichen Dokumentationen zu den einzelnen Kirchen sehr beschränkt. Für einen Teil der Kirchen hat Alf Schreyer 1981 an anderer Stelle eine ausführliche Dokumentation geboten: „Kirche in Stormarn. Geschichte eines Kirchenkreises und seiner Gemeinden."[45]

---

[43] Zitiert als Kühn / Rohrbeck (1970).
[44] Zitiert als Schreyer (1967).
[45] Schreyer (1981).

Die Jahreszahlen in den Abschnitts-Überschriften beziehen sich in der Regel auf das erste Einweihungsdatum, eines der H&J-Bauten (meist der gottesdienstliche Raum), wobei häufig auch Pastorate, Gemeindehäuser und Kindergärten in derselben Gemeinde hinzugekommen sind. Deren Einzelheiten werden hier jedoch meist nicht separat aufgeführt und sind denjenigen Dokumentationen vorbehalten, die ggf. mit den Gemeinden und ihrem internen Archivwissen noch zu bearbeiten sind.[46]

---

[46] So existieren etwa zur Gemeinde der Johanneskirche in Hamm-Norden (1938) zahlreiche weitere Informationen über die in der Nachkriegszeit erfolgten Gemeindebauten. Da eine lange Freundschaft Bernhard Hopp mit der Familie des dortigen Gemeindegründers, Pastors Martin Berthold (1902-1961), verband und er u.a. auch Patenonkel des Sohnes Martin Berthold jun. wurde, besteht sowohl biografisch als auch baugeschichtlich besonderes Interesse an einer detaillierten Darstellung der Situation der H&J-Baubemühungen um die Kirchen der Region. Dazu wird der ‚Kirchmeister', Marcus Wesselmann, mit dem H&J-Projekt eine eigene Darstellung vorbereiten.

4.3.1 Kirchsaal ,Christus über den Wogen' (1932, HH Groß-Borstel)

Architekt: Fritz Höger; Ausstattung des Altarraums Bernhard Hopp
Pastor: Walter Gerber, ab 1933 Martin Hennig.[47]

Bericht über das Leben der Kirchengemeinde

„Christus über den Wogen"

zu Hamburg-Groß-Borstel im Jahre 1948

erstattet von Pastor Dr. Hennig

---

[47] KG_StPeter_Groß-Borstel (2009); Pastor in dem (bis 1947) zu Eppendorf gehörigen Gemeindebezirk wurde im Herbst 1933 Martin Hennig (1902-1997); vgl. dazu Hennig (1988). Aus seinem „Bericht über das Leben in der Kirchengemeinde ,Christus über den Wogen' zu Hamburg-Groß-Borstel im Jahre 1948 erstattet von Pastor Dr. Hennig" sind auch die Abbildungen entnommen.

48

Wahrscheinlich geht das Kirchensiegel von 1937 (ähnlich wie andere Siegel-Entwürfe) ebenfalls auf B. Hopp zurück.

---

[48] Abbildung nach Henning (1948)..

35

4.3.2   Friedhofskapelle (1933? Altona-Bahrenfeld)

Bisher liegen hier nur geringe Detail-Informationen vor – außer der Erwähnung der „Erneuerung der Friedhofskapelle in Altona-Bahrenfeld" in einem Schreiben von Rudolf Jäger an den Bramfelder Pastor Siegfried Seeler vom 27.11.1934.[49] Diese Angabe ist insofern etwas schwierig, als dass auch in der Gegenwart in Altona-Bahrenfeld mindestens drei Friedhöfe existieren und die Situationen jeweils durch Um- und Erweiterungsbauten gegenüber den Verhältnissen zu Beginn der 1930-er Jahre beträchtlich verändert sind. Es scheint sich jedoch um die Kapelle auf dem damals als „Ottensener Friedhof" benannten zu handeln, dessen Internetdarstellung auf denjenigen verweist, der östlich der damaligen Burgstraße in dem folgenden Kartenausschnitt von 1929 verzeichnet ist:[50]

Zusätzlich ist im Kartenausschnitt mit dem roten Kreis die Position der erneuerten Kapelle südlich der damaligen ‚Friedhofstraße' markiert.

Die ‚Friedhofstraße' heißt inzwischen Holstenkamp. Danach wird der Friedhof jetzt als ‚Friedhof Holsten-kamp' bezeichnet.

---

[49] Abbildung des Schreibens von R. Jäger an Pastor S. Seeler bei Gleßmer / Jäger / Hopp (2016) S. 137. Wohnort und Zugehörigkeit zur nahen Lutherkirche.sind für Jäger bezeugt.
[50] Ausschnitt aus einer über die SUB-Hamburg Online verfügbaren Karte von 1929. Die nahegelegene Adresse „Burgstraße 12" ist für R. Jäger in dem o.g. Schreiben vom 27.11.1934.angegeben.

Die alte Kapelle ist als Mittelteil des an zwei Seiten um moderne Anbauten erweiterten Komplexes noch erkennbar:

Friedof_Holstenkamp_b1_0

Jäger_Friedhof_Holstenkamp_00008

Die Schrift über dem Portal, verweist deutlich noch auf die zu Beginn der Kirchbauten von Hopp verwendeten Schriftform, die auch z.B. ein Entwurf für Altarausstattungen zeigt:

4.3.3 Friedhofskapelle (1934 SH Düneberg/Elbe)

In dem im letzten Abschnitt genannten Schreiben vom 27.11.1934 wird auch der „Neubau der Friedhofskapelle in Düneberg/Elbe b. Geesthacht" angeführt. Zu diesem Bauwerk ist ein Artikel von B. Hopp in der regionalen Presse erhalten, in dem er u.a. auf Inhalte Bezug nimmt, die auch z.T. in der Ausstellung und Veröffentlichung zu „Symbol und Form" (1932) ihre Parallele haben. Er verbindet diese mit der Beschreibung des Bauwerks. Leider ist das Datum des Presseberichts nicht überliefert, aus dem die beiden unten folgenden Abbildungen entnommen sind.[51]

Pastor: Wilhelm Knuth[52]

Unsicher ist leider auch bisher, ob möglicherweise die Person des im August 1934 neu zur Düneberger Gemeinde gekommenen Pastor Wilhelm Knuth (1905-1974) bereits eine Rolle bei der H&J-Beauftragung gespielt hat – oder ob der Zusammenhang genau umgekehrt vorzustellen ist.

Die Dokumentation „Düneberg_-Geschichte_der_Gemeinde"[53] gibt leider keinen direkt Hinweis, sondern zeigt nur Interesse an öffentlicher Sichtbarkeit:

„Die einliegende Wohnung wird zum Pastorat umgebaut und neben dem Betsaal entstehen Räume für die Gemeindearbeit. Der 1934 in sein Amt eingeführte Pastor Knuth setzt alles daran, das[] bestehende Gebäude als ein kirchliches kenntlich zu machen. Er plant den Bau eines Glockenturmes, nebst kleiner Glocke am oder auf dem Haus."

---

[51] Hopp (1934) DünebZ; für den Zeitungsausriss gilt Dank der Geschichtswerkstatt Geesthacht.

[52] Im Beitrag R. Hoffmann (1985) SB S. 198 wird über den vormaligen Altonaer Pastor Wilhelm Knuth (Friedenskirche) berichtet, der wegen der Beteiligung am „Altonaer Bekenntnis" beurlaubt und am 15.2.1934 vom LKA Kiel in den Ruhestand versetzt wurde, jedoch vom Lauenburger Landessuperintendenten, Ernst Lange, „in die 1931 gegründete Pfarrstelle Düneberg" geholt worden sei. Von Rahe (2004) wird in der Online verfügbaren Version (http://www.kirche-christen-juden.org/PDF/rahe-harten.pdf) S. 153 Anm. 754 angegeben, Knuth „wurde am 12..August 1934 Pastor in Düneberg (Hohenhorn)"; etwas früher (3.5.1934) die biografische Angabe unter http://www.geschichte-bk-sh.de/index.php?id=382. W. Knuth wurde 1954 Propst in Flensburg.

[53] http://www.christuskirche-dueneberg.de/kirche.

Der Beitrag von Hopp in der Lokalzeitschrift trägt den Titel „Das Symbol in der Friedhofskapelle zu Düneberg bei Geesthacht" und beginnt mit einer allgemeinen Erklärung der über den Bau hinausgehenden Idee der Architekten:

„Einfach und durch den Zweck in ihrer Form maßgebend bestimmt erscheint die äußere Gestalt der Friedhofskapelle; doch ist an Einzelheiten des Äußeren (Tierbildungen am Balkenwerk des Dachreiters, das runde Fenster über dem Eingang) erkennbar, daß der Bau über den Zweck hinausweist. Das Symbol wird spürbar, und das deutet auf eine grundsätzliche Wendung hin, deren allgemeine Geltung in der Zukunft immer mehr in den Vordergrund treten wird: die Wendung zum Ursprung.

Die Fähigkeit hierzu ist jahrhundertelang verschüttet gewesen, und wenn in der Gegenwart das Symbol wieder wirksam wird, wenn die Wendung zum Ursprung und zu den Dingen des Ursprungs leidenschaftlich aufgebrochen ist, so gemahnt gerade die damit heraufbeschworene Verwirrung zu ernster Besinnung, damit die aufgebrochenen Kräfte nicht verschüttet, eine für den einzelnen wie für unser Volk entscheidende Zeit nicht vertan wird. Denn wir brauchen die Klarheit unserer Sinne, weil unser Leben bedroht ist von einer feindlichen Front, die mitten durch unser Volk, mitten durch die abendländische Menschheit hindurchgeht."

Die beabsichtigte, zeitbezogene Aussage ist zwar nicht eindeutig in ihrer Zielrichtung zu bestimmen, doch soll die architektonisch-künstlerische Bemühung des Kapellenbaus wohl so verstanden werden, dass sie als Beitrag zur Klärung der gegenwärtigen Verwirrung im Volk dient: Wendung zum Usprung durch Besinnung auf Symbole.[54]

Das Foto vom Altarraum und die Unterschrift zum Kruzifixus „ÜBERWUNDEN" legen nahe, dass es um christliche Rückbesinnung gehen soll, wenn gleichzeit jedoch auch Anfänge von Symbolen – wie das Schiff – als kompatibel und bis in die Zeit der „Urgermanen" und „früheste Zeit der Menschheitsgeschichte" erklärt werden.

Ob und wie von H&J in ihrer Anfangszeit weitere kleinere Aufträge im Kontext von Friedhofsgestaltungen ausgeführt wurden, ist z.Z. nicht erkennbar. Deutlich ist jedoch, dass sie sich erfolgreich an entsprechenden Wettbewerben beteiligt haben, wie eine Zeitschriftennotiz zu „Kiel: ... Wettbewerb um Entwüfe für Grabmale für einen Musterfriedhof auf dem Friedhof Eichhof" für Gruppe I und III zeigt:

den 1. Preis Bildh. W. Voß-Flensburg, B. Hopp und Dipl.-Ing. Jaeger, Altona-Ehrenfeld; den 2. Preis Arch. H. Müller-Kiel; in Gruppe II den 1. Preis Bildh. H. Menzel-Flensburg, den 2. Preis Bildh. W. Voß-Flensburg, den 3. Preis Bildh. A. Blaue-Kiel; in Gruppe III den 1. Preis B. Hopp und Dipl.-Ing. Jaeger, Altona-Bahrenfeld, den 2. Preis Bildh. A. Blaue-Kiel, den 3. Preis Arch. M. Eckardt-Kiel.

In ‚Der Baumeister' (Beilage zu Heft 5/Mai 1934 S. B78) ist angegeben, dass sie für die Gruppen I und III mit dem 1. Preis bedacht wurden.

---

[54] Vergleichbar sind Bemerkungen Hopps, s. Gleßmer / Jäger / Hopp (2016) S. 125 Anm. 350.

4.3.4   St. Jacobi Turmhalle (1935 HH-Altstadt)

In der Überlieferung liegt wahrscheinlich ein Fehler vor, wenn in dem bereits genannten Schreiben vom 27.11."1934 St. Nicolai Turmhalle" genannt wird. Aus einer ähnlichen, aber fortgeschriebenen Aufstellung von 4.1.1937 von Jäger an Pastor G. Kleine (Balje/Stade) wird nur die „Erneuerung der Turmhalle der Hauptkirche St. Jacobi in Hamburg" aufgeführt.[55] Gemeint war also diese Turmhalle in St. Jacobi, die zu Ehren des Altbürgermeisters C.A. Schröder (1855-1945) im Jahr 1935 neu gestaltet und eingeweiht wurde und über die auch der Landesbischof und Hauptpastor an St. Jacobi Franz Tügel (1888-1946)berichtet hat.

St. Jacobi Turmhalle Ehrentafel von 1935 für Dr. Dr. Carl August Schröder (1855-1945) zum 80 Geburtstag 21.11.1935. Gestaltung der Tafel in Hopp's ‚Kirchen-Unziale' u.a. mit dem typischen „G" WP_20160129_002	BÜRGERMEISTER D.DR.DR.SCHRÖDER ZU EHREN UND IN HERZLICHER DANKBARKEIT FÜR SEINE UNERMÜDLICHTREUEN DIENSTE. DIE ER DER GESAMTKIRCHE HAMBURGS UND INSBESONDERE UNSERER JACOBIKIRCHE EIN MENSCHENLEBEN HINDURCH GELEISTET HAT, IST ANLÄSSLICH SEINES 80.GEBURTSTAGES/DES 21.NOVEMBER IM JAHRE 1935 DIESE TURMHALLE ERNEUERT

Über diese besondere Baumaßnahme und zu deren Dokumentation liegen zwei Fotos vor, die in der Hamburger Kirchenzeitung zusammen mit einem Artikel von Bernhard Hopp abgedruckt sind.

St.Jacobi (Turmhalle) 1935[56]

(Richtung Osten)

HAA_ORh_048.-14_(0797) bietet ein ähnliches Foto der rechten Bildhälfte mit der Wendeltreppe im Zentrum.

---

[55] Abbildung des Schreibens von R. Jäger bei Gleßmer / Jäger / Hopp (2016) S. 157. Siehe zur Ehrentafel für den Alt-Bürgermeister C.A. Schröder bei Gleßmer / Jäger (2016b) S. 51ff.
[56] Hopp (1935) HambKZ S. 174 (dort mit der Angabe „Phot. Dransfeld"). Es muss sich beim Fotografen um Carl Dransfeld (1880-1943) handeln, denn sein mit ihm zuvor als Fotograf zusammenarbeitender Bruder Adolf war 1927 bereits verstorben.

Die Position der hier zu sehenden ehemaligen Wendeltreppe ist auch in einer H&J-Grundriss-Zeichnung vom 31.10.1949 zu erkennen:

Die aus dem H&J-Bestand von Dr. D. Brunzema an die Bauabteilung übergebene Zeichnung III/1 „Ausbau des Südschiffes als Notkirche" (WP_20170119_057) verzeichnet die Position an der Südseite der Halle.

4.3.5 St.Ewalds-Kirche (1934 MV Bodstedt)

 Kirche_Fuhlendorf_3_Bodstedt.jpg	Ebenfalls in dem Schreiben vom 4.1.1937 ist die „Erneuerung der Kirche in Bodstedt Pommern" als bereits abgeschlossenes Projekt erwähnt.[57]

120px-Bodstedt_(Fuhlendorf),_the_church_St._Ewalds.jpg

	Auschnitt aus dem Foto oben mit einer Christus-Darstellung von Hopp – ähnlich wie oben unter „4.3.1 Kirchsaal ‚Christus über den Wogen' (1932) HH Groß-Borstel".

---

[57] Siehe die Abbildung des Briefes bei Gleßmer / Jäger / Hopp (2016) S. 157. – Die Fotos sind der Internetpräsentation der Gemeinde entnommen.

4.3.6 Seemannskirche (1934 MV Prerow)

Ebenfalls in dem o.g. Schreiben vom 4.1.1937 ist die zuvor nur aus einem zeitgenössischen Bericht bekannte Ausmalung durch B. Hopp als H&J-Projekt erwähnt: „Erneuerung der Kirche in Prerow auf dem Dars in Pommern".[58]
Zuständiger Ortspastor für Prerow (und Born s.u.) ist Dr. Wilhelm Pleß.

---

[58] Siehe die Abbildung des Briefes bei Gleßmer / Jäger / Hopp (2016) S. 157.

4.3.7 Fischerkirche (1935 MV Darß/Born)

Kirchweg 1[59]

Pastor: Dr. Wilhelm Pleß
Künstler: Bernhard Hopp (erste Holzfiguren; A; K; Dekoration im Vorraum);
Hans Mettel (spätere Holzplastiken)[60].

HAA_ORh_062.62-1_(1067)

[59] www.kirchengemeinde-prerow.de; Freundeskreis Fischerkirche Born e.V. – Stand 26.2.2016.
[60] Erste Bauzeichnungen sowie Fotos von diesem Bau sind im Heft 30 vom 24.7.1935 in der Deutschen Bauzeitung (1935) S. 591-593 veröffentlicht worden. Im Oktober 1935 waren Bilder auch im Rahmen von „Maler – Bildhauer – Architekten stellen aus im Kunstverein..." zu sehen; vgl. dazu Details bei Gleßmer / Jäger / Hopp (2016) S. 150f.

HAA_ORh_009.062-1_(0313)

HAA_ORh_008.13_(0233)

45

4.3.8   List (1935 SH List/Sylt)

Die früher angenommene Jahreszahl 1936 ist in ‚1935' zu korrigieren. Der Neubau der Garnisonskirche für den Marinestützpunkt und Fliegerhorst List wurde am 27.10.1935 eingeweiht.[61]

Pastor: Hartung (sen) aus Keitum (Einweihung)[62]

Künstler: B. Hopp (A B L)

HAA_ORh_063.5_(1086)

---

[61] Kirchenchronik von W. Pittkowski (Pastor in List 01.11.1993 - 31.01.2009).

[62] www.st-juergen-list.de – Stand 02.03.2016.

Altar und Kanzel

Empore

4.3.9 Mulsum (1934 NI Landkreis Stade)

Die Jahreszahl im Projektbericht Nr. 1 ist von 1936 auf 1934 zu korrigieren, da die Einweihung des renovierten Innenraums bereits 1934 stattfand. Der Renovierung folgten jedoch auch weitere Neugestaltungen im Kirchenraum (u.a. Wandleuchter 1935) zusätzlich zu Altarschnitzereien auch Figuren an der Kanzel. Auch die Sakristei wurde nochmals erweitert und ein Pastorat gebaut (1968).

An der Kirche 10[63]

Einw.:   16.9.1934

Pastoren: Werner Stakemann (bis 1938)

            Gerd Paul Rauterberg (1950-1974)

Künstler: Bernhard Hopp (A K B T)

M. Jäger priv. 1937

Entsprechend diesem Foto ist von B. Hopp für das hier getraute junge Ehepaar Rudolf Jäger und Mechthild Jäger, geb. Stakemann, zur Hochzeit am 10.8.1937 ein Gemälde der Kirche gemalt und geschenkt worden.

---

[63] www.kirche-mulsum.de Stand:8.3.2016.

M. Jäger priv. 1937

M. Jäger priv. 1937

4.3.10 Sittensen (1936 NI Landkreis Stade)

Die „Erneuerung der Kirche in Sittensen(Han)" ist in dem o.g. Schreiben vom 4.1.1937 als abgeschlossen erwähnt. Die Projektzeichnungen (unten) vom Januar 1936 beschreiben die Erneuerung.

„Erneuerung
nach Abbruch der Ostempore
wird neues Gestühl angeordnet,
das sich den vorhandenen geschlossenen
Stühlen anschließt"

[64]

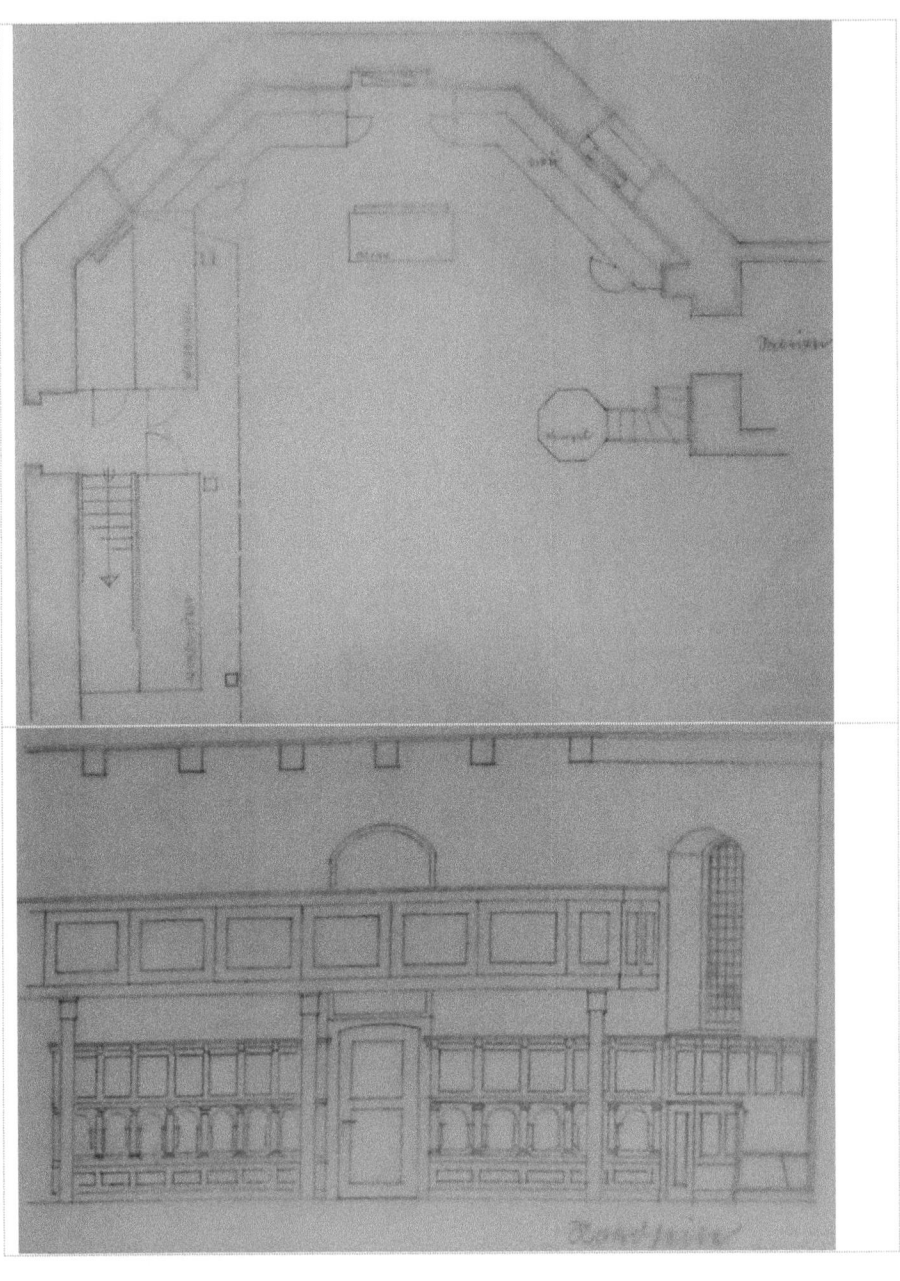

4.3.11 Elsdorf (1936 NI Bremervörde-Zeven)

Die „Erneuerung der Kirche in Elsdorf(Han)" ist in dem o.g. Schreiben vom 4.1.1937 als noch nicht abgeschlossen erwähnt, so dass die Einweihung auch erst 1937 stattgefunden haben wird. Entwurfszeichnungen „Wiederaufbau des Turmes" von 1947 setzen die Zerstörung des Turms im Zweiten Weltkrieg voraus und zeigen einen Entwurf mit Nutzung der ehemaligen Turmhalle im Westen.[65] Das Foto von 2014 zeigt den gegenwärtigen Zustand.

WP_20141013_001
(Ostansicht)

WP_20161104_052
(Westansicht)

WP_20161104_050
(Südansicht)

---

[65] Quelle: HAA_Jäger_M005.

4.3.12 Lutherkirche (1937 HH Wellingsbüttel)

Neubau, konkurrierendes Gutachterverfahren
Up de Worth 25[66]

Pastoren: Siegfried Seeler (Muttergemeinde Bramfeld); Christian Boeck
Künstler: Sigrid Schlytter (F)
            Jürgen Manshardt (K T)
            Gerhard Marcks (L, 1946)

HAA_ORh_050.1_(0403)

---

[66] www.kirche-wellingsbüttel.de - Stand:03.03.2016 und Details der Bau- und Ausstattungs-geschichte siehe ausführlich bei Gleßmer / Engler (2016). Dort auch zu den Nachkriegsumgestaltungen – u.a. mit Umbau der Orgelempore und Entfernung eines Balkens mit Anfang bzw. Ende der Bibelworte; dazu siehe unten das Foto. HAA_ORh_009.62-898_(0317). Durch eine Umgestaltung der gläsernen Vorraumtüren ist der Versuch einer ersatzweisen Vervollständigung des alten Bestandes der Balkeninschriften unternommen worden. (Feierlich eingeweiht am 26.3.2017).

HAA_ORh_050.2_(0404)

HAA_ORh_050.4_(0406)

HAA_ORh_050.6_(0408)

HAA_ORh_050.8_(0410)

HAA_ORh_050.10_(0412)

HAA_ORh_009.62-898_(0317) [nach Umbau 1971]

4.3.13 Ahlerstedt (1937 NI Ahlerstedt)

Zur Renovierung der Kirche in Ahlerstedt gehörte die Ausstattung mit neuen Beleuchtungskörpern, wovon unten die Entwürfe im Nachlass Jäger zeugen.

WP_20160812_009

WP_20160812_001

WP_20160812_004

WP_20160812_005

Die folgenden Zeichnungen finden sich im Nachlass Rudolf Jäger.[67]

---

[67] HAA_Jäger_M007.

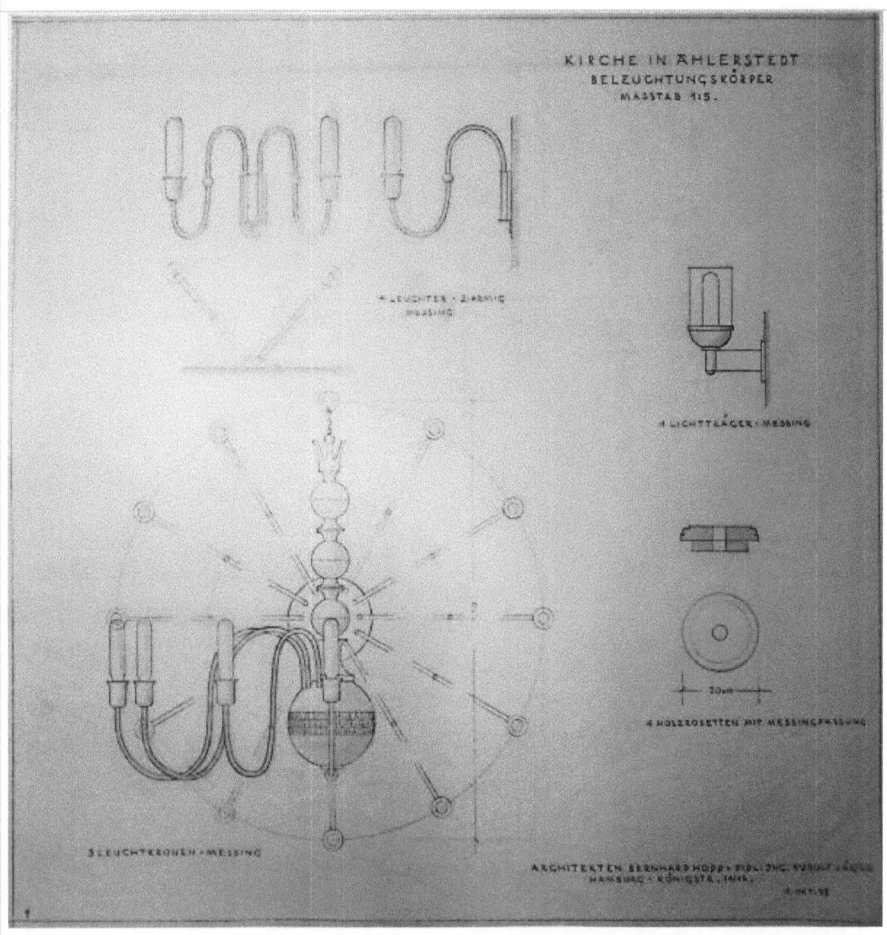

ARCHITEKTEN BERNHARD HOPP + DIPL. JNG. RUDOLF JÄGER
HAMBURG · KÖNIGSTR . 14/16.

1. OKT. 37

60

4.3.14 Balje (1938 NI Kirchenkreis Stade)

Nach einem Brand Weihnachten 1936 ist 1937 eine neue Kirche gebaut worden, die am 3.4.1938 eingeweiht werden konnte.

Pastor: G. Kleine
Künstler: B. Hopp (A F K)[68]

WP_20160707_270

WP_20160707_284

---

[68] Zu Details und Entwürfen siehe bei Gleßmer / Jäger / Hopp (2016) S. 154ff.

4.3.15 St.Lukaskirche (1938 HH Fuhlsbüttel)

Kirchenum- und Erweiterungsbau (anstelle einer neugotischen Kirche)
Hummelsbütteler Kirchenweg 3[69]
Einw.:   18.12.1938 (Heimatgemeinde von B. Hopp)
Pastor: Heinrich Zacharias-Langhans und Hans Willi Besch
Künstler: Oscar E. Ulmer (A L R T); Jahn (R); Bernhard Hopp (A B F K W);
           Woebke

HAA_ORh_019.5_(0443)

---

[69] www.sanktlukas-fuhlsbuettel.de   - Stand: 25.2.16. Siehe dazu Details in Gleßmer / Jäger / Hopp (2016) S. 201ff. In Vorbereitung ist Gleßmer / Grünewald / Kröger (2017).

HAA_ORh_019.9_(0447)

HAA_ORh_019.11_(0449)

HAA_ORh_019.12_(0450)

HAA_ORh_008.18_(0238)

HAA_ORh_020.6_(0457)

Ausschnitt aus einem Foto (vor 1963) von Dr. Walter Horstkotte[70]

HAA_ORh_020.8_(0459)

HAA_ORh_020.11_(0462)

HAA_ORh_020.12_(0463)

---

[70] Mandorla im nördlichen Seitenschiff (Karte u. Foto: Nachlass B. Hopp WP_20151019_171).

4.3.16 Maria-Magdalenen-Kirche (1938 HH Klein Borstel)

Kirche, Pastorat (1951) und Gemeindehaus (1954)
Stübeheide 172[71]
Einw.: 18.12.1938
Pastor: Rudolf Timm (1938-1941); Carl Malsch (1946-1954); Kersten (1954ff)
(bzw. Muttergemeinde Fuhlsbüttel: Heinrich Zacharias-Langhans / Hans Will Besch)
Künstler: B. Hopp (A B K R W); Hermann Junker (W); Oscar E Ulmer (R 1946),
Fritz Fleer (T 1965)[72]

HAA_ORh_028.1-(0559)

---

[71] www.kirche-hamburg.de/ maria-magdalenen-klein-borstel – Stand 4.3.2016.
[72] Vgl. ausführlich bei Gleßmer / Jäger (2016b) sowie Gleßmer / Jäger / Hopp (2016) S. 192ff.

HAA_ORh_009.57-211_(0329)

HAA_ORh_028.9_(0576)

HAA_ORh_009.28-11_(0322)

HAA_ORh_028.12_(0570)

HAA_ORh_028.14_(0572)

HAA_ORh_029.2_(0574)

HAA_ORh_009.28-15_(0324)

Konfirmandenraum im Turm HAA_ORh_029.4_(0576)

Gemeindehaus HAA_ORh_009.57-221_(0330)

Pastorat HAA_ORh_029.10_(0583)

4.3.17 Johanneskirche (1938 NW Hamm)

Kirche mit Krypta / 1951ff Pastorat bzw. Kindergarten
Zweier-Wettbewerb; An der Johanneskirche 2, Hamm-Norden[73]

Einw.: 20.3.1938
Pastor: Martin Berthold, [künstl. Beratung: Dr. Paul Girkon (Soest)]
Künstler: Elisabeth Coester (F); Max Schulze-Sölde (W)
Skizzen von Ernst Barlach für ein Taufbecken
Eva Dittrich (G); Bernhard Hopp (A B T W) z.T. mit Holzbildhauer Claus
Jung und Hilde Viering (A)

HAA_ORh_009.23-1_(0303)

Inzwischen liegt aus der Bauphase ein private Sammlung von weiteren Fotos zum Bau dieser Kirche vor, die im Rahmen einer geplanten Veröffentlichung zu den H&J-Projekten in Hamm durch Markus Wesselmann zugänglich gemacht werden soll.

---

[73] www.evangelische-kirchengemeinde-hamm.de - Stand: 26.2.2016. – Zu Literatur über diesen Bau sowie Details siehe Gleßmer / Jäger / Hopp (2016) S. 174ff.

HAA_ORh_023.5_(0485)

HAA_ORh_023.5_(0485)

HAA_ORh_023.7_(0487)

HAA_ORh_023.13_(493)

HAA_ORh_023.2_(0482)

HAA_ORh_023.15_(0495)

4.3.18 St.Nicolaus (1938 HH Alsterdorf)

Renovierung und Orgel-Empore
Einw.: 19.10.1938
Pastor: Friedrich K. Lensch[74]
Künstler: Friedrich K. Lensch (z.T. W); B. Hopp (A B F H K W); Eva Dittrich (R);
           Maria Pirwitz (1956ff T L)

HAA_ORh_294_60-392

HAA_ORh_012.12-4_Nr_1_(0355)

HAA_ORh_012.12-
_Nr_2_(0356)

---

[74] Zu Details dieses Bauwerks und seiner z.T. strittigen Geschichte siehe ausführlich bei Gleßmer / Lampe (2016) sowie kurz auch in Gleßmer / Jäger / Hopp (2016) S. 192ff.

Insbesondere der Erhaltungszustand der Altarraumwand, die beim Umbau der Kirche 1938 durch Vermauerung der ehemalige Fensteröffnung verschlossen wurde, hat besonders wohl durch die Kriegseinwirkung gelitten. Dem hochauflösenden Foto HAA_ORh_012.12-4_Nr_1_(0355) von 1938 kommt auch deshalb besondere Bedeutung für die Beurteilung des dort (noch) befindlichen Wandgemäldes zu, für das der folgende Bildausschnitt Details (einschließlich der fünf Festtagsbilder auf dem Altaraufsatz von Eva Dittrich[75]) zeigt:

4.3.19 Friedenskirche (1939 HH Rahlstedt/Farmsen-Berne)

Bau einer Kapelle; Gemeindezentrum (1962); Kirchenumbau und Turm (1964)
Lienaustraße
Einw.   19.03.1939
Pastor: Jürgen Sommer (1939-1942); Erich Rothacker (1946-1970)
Künstler: Klaus Jürgen Luckey (1964 A T W)[76]

HAA_ORh_008.3
_(0223)

HAA_ORh_012.3_
(0353)

---

[76] Siehe Details bei Gleßmer / Jäger / Hopp (2016) S. 213ff

HAA_ORh_008.12_(0232)

HAA_ORh_012.65-2035_(0354)

HAA_ORh_008.24_(0242)

Nach dem Totalumbau[77] durch H&J 1962ff: Ergänzung von Gemeinde-haus und Turm

---

[77] Für das Innere der Kirche ist eine 180°-Veränderung der Orientierung von Altar und Empore/Vorraum vorgenommen worden.

4.3.20 Osterkirche (1946 HH Bramfeld)

Renovierungen 1946 und 1951

Pastor: (Christian Boeck; 1907-1933) Siegfried Seeler

Bramfeld
Kirche und Pastorat

Die Kirche jn Bramfeld wurde am 29.3.1914 in der dortigen Amtszeit von Pastor Christian Boeck (1907-1933) einge-weiht.

Sie erhielt erst unter seinem Nachfolger 1938 den Namen ‚Osterkirche'.

Das Foto links entstammt einer Postkarte von Christian Boeck an den nieder-deutschen Autor Johann Hinrich Fehrs vom 12.10.1915. Sie befindet sich in der Landesbiblio-thek Schleswig-Holstein im Nachlass Fehrs (Cb 20 Nr. 42 „Brief von Christian Boeck an Johann Hinrich Fehrs; dort Nr. 12)

Zu dem im Folgenden erwähnten Reliefbild existiert bisher nur ein sehr unscharfes Foto. Anders als zuvor vermutet handelt es sich nicht um die Umarbeitung einer Bildtafel aus der Kirche Maria-Magdalenen.[78]

> „Für die bombenbeschädigte Kirche bekamen wir immer noch nicht die Bauerlaubnis. Für den Altar wurde ein Reliefbild, das heilige Abendmahl darstellend, angeschafft und am 20. Oktober 1946 im Gottesdienst übernommen. Die Architekten Jäger und Hopp entwarfen das Bild."[79]

Von einer Erweiterung des Altartisches wird 1951 berichtet:

„Im Monat Juli 1951 wurde unsere Kirche neu ausgemalt. Die Ausmalung entwarfen und leiteten die Architekten Jäger und Hopp in Hamburg, ausgeführt wurde die Malerarbeit durch Malermeister Bernd, Bramfeld, Mönchskamp. Bei dieser Gelegenheit wurde der Altartisch umgebaut, die Mamorplatten am Unterteil wurden beseitigt. Die Altartischplatte wurde nach beiden Seiten erweitert, sodaß die Altarleuchter nicht mehr unterhalb der Kanzel stehen, wodurch die Kanzel bisher immer verschwelt wurde. (Hier brechen die Aufzeichnungen Pastor Seelers ab)."[80]

---

[78] Vgl. dazu Gleßmer / Jäger (2016b) S. 54ff sowie S. 61 und S. 66.
[79] Chronik: Michaelis T2_(1963) Masch; Seeler 1933-1951: S. 55.
[80] Chronik: Michaelis T2_(1963) Masch; Seeler 1933-1951: S. 59.

4.3.21 Christianskirche (1950 HH Altona)

1946-1956; Renovierung, Einbau ausgelagerter Kunstwerke[81]
Ottenser Marktplatz 6, 22765 Hamburg
Einw.: 17.12.1950
Pastor: Friedrich Hammer
Künstler: Hans Gottfried von Stockhausen (Altarbild 1968, F im Turmraum)

HAA_ORh_002.oN_(0036)

---

[81] Ev.- Luth. Kirchengemeinde Ottensen, Internetauftritt 15.02.2016 sowie Hammer (1991) ZVHG S.98.

HAA_ORH_008.20_(0240)

HAA_ORh_002.57-385_(0035)

HAA_ORh_002.17-6_(0034)

82 WP_20140415_054_Ausschnitt. Foto während der Tagesexkursion mit Dr. J. Schröder im Rahmen des ‚kunstforum matthäus'.

4.3.22 Pötrau (1950 SH Büchen)

1948-1950; Kirche Renovierung[83]

Pastor: Heinz Harten
Künstler: Bernhard Hopp (A B W)

HAA_ORh_009.62-13_(0319)

HAA_ORh_062.62-15_(1081)

---

[83] Details siehe Büchen_Pötrau_Kirchenfuehrer.PDF.

HAA_ORH_009.62-13_(0318)

4.3.23 Johann-Gerhard-Oncken-Kirche (1951 HH Eimsbüttel)

Neubau der Ev.-freikirchlichen baptistischen Gemeinde in der Grindelallee 101

HAA_ORh_046.1_(0719)

HAA_ORh_046.3_(0721)

HAA_ORh_046.2_(0720)

HAA_ORh_046.6_(0724)

4.3.24 Julius-Köbner-Kapelle (1951 HH Hamm)

Ev.-freikirliche baptistische Gemeinde Hamm Sievekingsallee 77

HAA_Jäger_Lüden_N095.6-831_(0063)

HAA_Jäger_Lüden_N095.6-831_(0064)

HAA_Jäger_Lüden_N095.6-831_(0065)

HAA_Jäger_Lüden_N095.6-831_(0066)

4.3.25 Sieben-Tags-Adventisten = Advent-Haus (1953 HH Eimsbüttel)

Als Jahr der Einweihung der Kirche der Sieben Tage Adventisten am Grindelberg 15 ist ‚1953' anstelle von ‚1951' gegenüber Projektbericht Nr. 1 zu berichtigen.[84]
Einw.: 19.12.1953
Künstler: Br. Clausnitzer (Wandmalerei im Treppenhaus , Mosaiksäule in Foyer)

HAA_ORh_002.10_(0011)

HAA-
ORh_002.10-
2_(0013)

---

[84] www.adventgemeinde-grindelberg.de Stand:4.3.2016.

HAA_ORh_002.10-7_(0016)

HAA_ORh_002.10-9_(0017)

HAA_ORh_002.10-4_(0014)

HAA_ORh_002.10-6_(0015)

HAA_ORh_002.10oN_(00203)

HAA_ORh_002.10-10_(0018)

HAA_ORh_002.10-11_(0020)

4.3.26 Christophorus-Kirche (1953 HH Hummelsbüttel)

Kirchenneubau (mit Turm in einer zweiten Phase) sowie Pastorat
Poppenbüttler Weg 2[85]

Einw.: 1953
Pastor: Erich Meder
Künstler: Fritz Fleer (A mit R (Bronzerelief) Kruzifix und Krone; L)
            Maria Pirwitz (K T)
Mitarbeither: Bauleiter H. Steinfath

HAA_ORh_004.56-44_(0087)

[85] www.christophoriuskirche.de -Stand 28.02.2016. sowie Kühn / Rohrbeck (1970) S. 226.

HAA_ORh_004.57-365_(0090)

HAA_ORH_004.25-11_(0096)

HAA_ORH_004.25-12_(0096)

HAA_ORh_004.57-367_80091)

HAA_ORH_004.625-1_(0092)

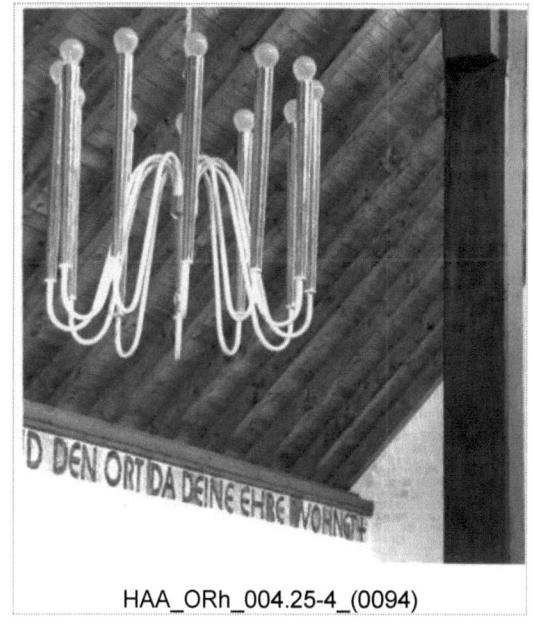

HAA_ORh_004.25-4_(0094)

4.3.27 Lamstedt (1953 NI Kr Hadeln)

Renovierung 1953 (Anstrich, Emporenveränderung, Altar / Turmhalle) wird in der Literatur erwähnt. Von einer späteren Turmsanierung wird berichtet.[86] Bilder zu diesem Bau liegen z.Z. nur aus der Selbstdarstellung der Gemeinde vor:[87]

[86] Kieker / Lenz / Rüther (1956) S. 164, 166ff sowie Dank für den Hinweis an Herrn Dirk Baack.
[87] http://www.kirche-lamstedt.de/doku.php?id=kirchenfuehrung:kirchenfuehrung (23.2.2016).

4.3.28 Methodistenkirche Eben-Ezer-Kirche (1954 HH Eimsbüttel)

1954; Hamburg-Hoheluft-Ost; Eingang, Kirchenraum
Abendrothsweg 43, Ecke Löwenstraße[88]

Einw.:   17.1.1954
Pastor: Karl Wilhelm Schneck
Künstler:

---

[88] Methodistengemeinde Eben-Ezer, Internetauftritt sowie Wikipedia-Artikel „Eben-Ezer-Kirche (Hamburg-Hoheluft-Ost)".

HAA_Jäger_Lüden_N085.1614_(0181)

HAA_Jäger_Lüden_N085.1614_(0180)

4.3.29 Christus-Kirche (1954 HH Wandsbek)

1953-1954 (1955) Kirchenumbau, 1960-1965 Turm
Robert-Schumann-Brücke 1[89]

Einw.: 1954 Richtfest: 7.8.1953
Pastor: Heinrich Voth, Bauherr 1961: Renzing
Künstler: Hans Gottfried von Stockhausen (Altarmosaik-Pantokrator)
(Relief Giebelwand von Barbara Haeger ?); Isgard Moje-Wohlgemuth

HAA_ORh_007.67-514_(0194)

---

[89] Schreyer (1981) S. 129 sowie ausführlich bei Fricke / Pommerening / Hölck (2002).

HAA_ORh_007.58-152_(0199)

HAA_ORh_007.58-156_d_(0194)

HAA_ORh_007.58_15_o_(0195)

HAA_ORh_007.58-154_(0198)

4.3.30 Auferstehungskirche (1954 HH Lurup)

1953-1954; Kirche, Gemeindehaus, Pastorat
Flurstraße 3, Luruper Hauptstraße 155[90]

Pastor: Dr. Busse
Künstler: Siegfried Assmann (F)

HAA_ORh_0323_(0601)

HAA_ORh_02.2_(0600)

HAA_ORh_032.4_(0602)

HAA_ORh_33.10_(0596)

HAA_ORh_032.6_(0604)

HAA_ORh_033.6_(0592)

HAA_ORh_032.10_(0608)

HAA_ORh_033.4_(0590)

HAA_ORh_006.33-3_(0183)

HAA_ORh_032.5_(0603)

HAA_ORh_033.1_(0587)

HAA_ORh_033.8_(0594)

4.3.31 Emmauskirche (1954 HH Wilhelmsburg)

Wiederaufbau der zerstörten Kirche von 1895[91]

Mannesallee, Rotenhäuser Damm 11

Einw.:

Pastoren: Kollhoff und Ahnert

Künstler: Fritz Fleer (A R K T); Elsa Mögelin (P / W 1948)

       Betonglasfenster Eingang;

HAA_ORH_007.052-1(0202)

HAA_ORH_007.052-3(0203)

---

[91] www.reiherstieg-kirchengemeinde.de - Stand:10.3.2015.

HAA_ORH_007.053-5_(0212)

HAA_ORH_007.052-5(0205)

113

HAA_ORH_007.053-3 (0210)

HAA_ORH_007.052-8_(0207)

114

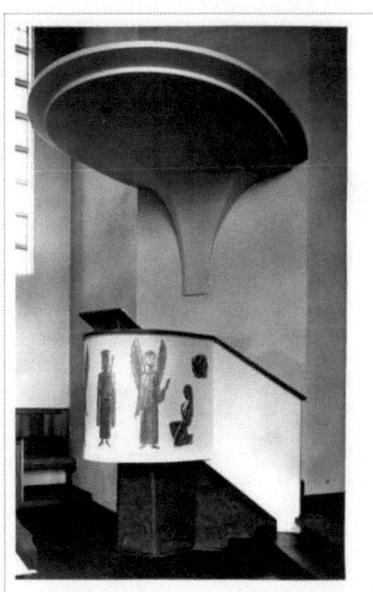

HAA_ORH_007.053-2_(0209)

HAA_ORH_007.053-1_(0208)

HAA_ORH_007.053-6_(0214)

4.3.32 Flüchtlings-Kirchenbaracke (1955 SH Wentorf)

HAA_Jäger_Lüden_N016.3092_(1057)

HAA_Jäger_Lüden_N016.3092_(1065)

HAA_Jäger_Lüden_N016.3092_(1059)

HAA_Jäger_Lüden_N016.3092_(1075)

4.3.33 Mutterhaus u. Kapelle (1955 NW Münster)

Münster- Diakonissenmutterhaus
Kapelle und Mutterhaus
Coerdesstraße 56[92]
Einw.:
Pastor:
Künstler: Bernhard Hopp (Altarbild ?; B)

HAA_ORh_005.34_(0146)

---

[92] Diakonissenmutterhaus Münster, Internetauftritt.

HAA_ORh_005.34-4_(0147)

HAA_ORh_005.34-10_(0145)

HAA_ORh_005.34-6_(0148)

HAA_ORh_005.34-7_(0149)

HAA_ORh_005.36-1_(0129)

HAA_ORh_005.36-3_(0130)

4.3.34 Philippuskirche (1956 HH Horn)

Neubau von Kirche und Pastorat
Manshardtstraße 105 a
Einw.: 2.12.1956 (Bischof V. Herntrich)[93]
Pastor: Werner Fischer
Künstler: R. Jäger (A T K); (Ursula Querner (L R)

HAA_ORh_006.57-487_(0186)

---

[93] Geschichtswerkstatt Horn (2001) S. 3.

HAA_ORh_006.57-486_(0185)

HAA_ORh_047.57-490_(0740)

HAA_ORh_006.57-488_(0187)

HAA_ORh_047.57-491_(0741)

HAA_ORh_006.57-490_(0189)

4.3.35   Stephanuskirche (1956 HH Eimsbüttel)

Zu der 2005 entwidmeten Kirche St. Stephanus existiert bisher ein zweiseitiger Textentwurf von J. Schröder (4.11.2014), der Details über die Renovierungs-arbeiten durch H&J 1956ff beschreibt (ohne Bebilderung) und sich dabei auf Archivalien sowie auf die 50-Jahre-Festschrift der 1912 von Distel und Grubitz gebauten Kirche bezieht.

Einw.:

Pastor: Paul Gerhard Müller.

Künstler: B. Hopp (K T aus einer zerstörten Glocke von St Katharinen);
            Claus Wallner (A); Ursula Querner (L W)[94]

Im Nachlass R. Jäger im HAA ist ein Zeitschriften-Ausriss vorhanden.[95]

Foto von Dirk Tscherniak[96]

---

[94]   Angaben nach Kühn / Rohrbeck (1970) S. 222 (zu den Fotos S. 42/43). https://de.wikipedia.org/wiki/St._Stephanus_(Hamburg-Eimsb%C3%BCttel).

[95]   A005_003/03 „ZA Hamburger Abendblatt 18./19. Dezember 2010. Gotteshaus sucht neue Funktion. (St. Stephanus-Kirche in Eimsbüttel)" [von Holmer Stahncke].

[96]   Foto von Dirtsc (https://upload.wikimedia.org/wikipedia/commons/d/d4/Steph_gesamt.jpg).

Foto: (wahrscheinlich) Brigitte Rohrbeck[97]

---

[97] Kühn / Rohrbeck (1970) S. 42 (nicht im Bildnachweis aufgeführt, so dass wohl von B.R.)

4.3.36 Adventskirche (1956 HH Schnelsen)

1949-1956; Notkirche von Architekt Otto Bartning
unter Mitarbeit von Hopp+Jäger, die 1956 auch den Turm ergänzten
Kriegerdankweg 7[98]

Einw.:   18.12.1949
Pastor: Heinrich Witt (P. in Schnelsen 1924-1962)
Künstler: Claus Wallner (F)

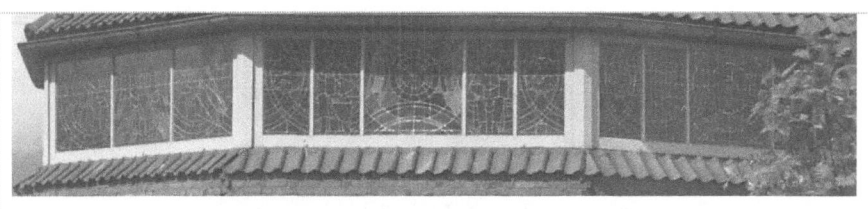

HAA_ORH_009.0062-4_(0309)

HAA_ORh_062.62-3_(1069)_Ausschnitt_Fenster

---

[98] www.kircheschnelsen.de (7.3.2016); Wikipedia: „Adventskirche (Hamburg-Schnelsen).pdf".

HAA_ORH_009.062-5_(0311)

HAA_ORh_062.62-12_(1078)_Ausschnitt

4.3.37 Bethel Kirchraum Sarepta (1956 NW Bielefeld)

Bielefeld-Bethel, Sarepta

Die Kapelle des Diakonissenmutterhauses Sarepta befindet sich direkt im Anbau an das alte, zentrale Sarepta-Gebäude, Sareptaweg 12 (heutzutage Pflegeschule, unten vom Königsweg aus gesehen mit Ausschnitt aus der Kapellen-Fensterfront)[99]

Einw.:

Pastor: (u.a.) Friedrich v. Bodelschwingh

Künstler: B. Hopp

Ausschnitt

Bielefeld-Bethel_Sarepta_2011 (Urheber: Ub12vow)[100]

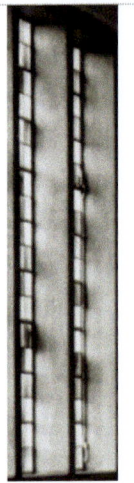

Fenster-
Ausschnitt

HAA_ORh_002.57-648(0032)

---

[99] www.sarepta.de; www.bethel-historisch.de - Stand:10.3.2016.

[100] https://de.wikipedia.org/wiki/Datei:Bielefeld-Bethel_Sarepta_2011.jpg.

HAA_ORh_002.57-648_(0032)_Ausschnitt

HAA_ORh_015.57-649_(0382)

Bei den weiteren, unten folgenden ORh-Fotos handelt es sich wahrscheinlich um eines der von H&J restaurierten Altenheime für die Sarepta-Schwesternschaft. In Briefen von F. von Bodelschwingh an B. Hopp[101] ist von solchen Arbeiten und auch von Arbeiten an der Betheler Zionskirche die Rede.[102]

---

[101] Aus Korrespondenz-Ordnern von B. Hopp Nachlass (bis 2015 bei Dr. Gisela Hopp, seit 2017 im HAA) sind Bodelschwingh-Briefe aus der Zeit von 23.11.1956 bis 22.6.1961 erhalten.
[102] https://de.wikipedia.org/wiki/Zionskirche_(Bethel) wird die Renovierung 1956/57 erwähnt.

HAA_ORh_002.15-1(0026)

HAA_ORh_002.15-4(0027)

HAA_ORh_002.15-5(0028)

HAA_ORh_002.15-8(0029)

4.3.38 St.Katharinen-Kirche (1956/7 HH Altstadt)

Wiederaufbau

Einw.: 4.11.1956 (22.12.1957 Turm und Glocken)

Pastoren: Bischof Volkmar Herntrich, Dr. Hartmut Sierig, Dr. Klaus Reblin[103]

Künstler: Otto Münch (Pfingst-A Chor-G K)

Hans Gottfried von Stockhausen (1958 F); Fritz Fleer (Bronzetür);

B. Hopp (1961 Kreuz); H&J (L); H. Kock (1964 T)

Mitarbeiter: Heinrich Steinfath (Bauleiter)[104]

HAA_ORh_004.57-818_(0107)

---

[103] Das Katharinenbuch-Hamburg 2000; Stolt (2006).

[104] Dazu ist eine reich bebilderte Zusammenstellung neu verfügbar: Steinfath (2017)

HAA_ORH_004.1_(0098)
St. Katharinen vor 1939 (Reproduktion eines Fotos: von Seggern)

HAA_ORh_004.56-203_(0105)

HAA_ORh_004.63-1216_(0105)

HAA_ORh_004.2_(0097)

HAA_ORH_004.2_(0097)

HAA_ORh_027.63-126_(0548)

HAA_ORh_026.58-120_(0542)

4.3.39 Matthäuskirche (1958 NW Münster)

Neubau (Grundstein: 13.10.1957)
Einw.: 7.12.1958 (2. Advent)
Pastor: Felmy (gest. 13.4.1966)[105]

Foto-Urheber: Luminanz[106]

---

[105] Festschrift von 2008 (S. 18ff) zur Baugeschichte mit H&J.
[106] https://upload.wikimedia.org/wikipedia/commons/6/65/Matth%C3%A4uskircheM%C3%BCnster.jpg.

4.3.40 Christuskirche (Garnisonskirche) (1958 SH Flensburg Mürwik)

1957-1964; Kirchenzentrum mit Kirche, Kindergarten, Gemeindehaus, Pastorate
Standortkirche, Wettbewerb unter 4 Teilnehmern
Einw.:

Pastor:	Propst Wilhelm Knuth und Propst J. Diederichsen
Künstlerinnen:	Ursula Querner-Wallner (Reliefs über dem Portal, K T)
	Vera-Marie von Claer (Steckner-Crodel): (R)
Mitarbeiter:	Völker (?)

HAA_ORH_003.59-621_(0058)

HAA_ORH_003.40-1_(0052)

HAA_ORH_003.59-612_(0050)

HAA_ORh_003.59-612_(0058)

HAA_ORh_003.59-612_(0054)

HAA_ORh_003..59-625_(0059)

HAA_ORh_003.59-632_(0049)

HAA_ORh_003.59-629_(0075)

HAA_ORh_003.59_630_(0074)

4.3.41 Jacobi-Kirche (1958 NW Rheine)

Zu diesem Projekt liegt keine eigenständige H&J-Dokumentation vor.
Die Website bietet eine Bildergalerie:[107]

---

[107] http://www.jakobi-rheine.de/bildgalerien/bilder-kirche#. Siehe auch die Festschrift unter Joos-Koch (1988).

4.3.42 Bargstedt St. Primus (Turm) (1958 NI Bargstedt)

Sanierung Kirche, Neubau Turm (1958), Küsterhaus
An der Kirche 6, 21698 Bargstedt[108]
Einw.: 19.12.1958
Pastor: Hans-Albrecht Uhlhorn
Künstler: Charles Crodel (F)
           Klaus Jürgen Luckey (Kreuz A L)

HAA_ORh_013.59-405_(0359)

---

[108] www.kirche-bargstedt.de -Stand:4.3.2016 sowie KG_Bargstedt (2011).

HAA_ORh_013.4_Nr_2_(0357)

HAA_ORh_013.59-435_(0364)

4.3.43 St. Marien (1960 HH Ohlsdorf)

1957-1960; Hamburg-Fuhlsbüttel Süd, St. Marienkirche
Gemeindezentrum: Kirche, Gemeindehaus, Pastorat
Maienweg 270, 22337 Hamburg[109]
Einw.:   14.2.1960
Pastor: Hans-Dietrich Schiel
Künstler: Charles Crodel (F); Jürgen Weber (A K L T)

HAA_ORh_021.60-579_(0466)

---

[109] Internetauftritt der Kirchengemeinde Ohlsdorf-Fuhlsbüttel (früher Fuhlsbüttel-Süd); Kühn / Rohrbeck (1970) S. 226; Soeffner / Knuth / Nissle (1995); Kröger (2010) SB.

HAA_ORh_-021.60_580_(0469)

HAA_ORh_021.60-583_(0472)

HAA_ORh_021.60-582_(0471)

HAA_ORh_021.60-577_(0467)

4.3.44 Auferstehungskirche (1960 HH Schmalenbeck)

Kirche, Pastorat (1964), Kindergarten (1965)
Alte Landstraße 20[110], Wettbewerb
Einw.:　　28.8.1960
Pastor:　　Karl Mauritz (1948-1976)
Künstler:　Siegfried Assmann (F Eingangsportal)

HAA_ORh_048.-63-612_(0752)

---

[110] www.kirchengemeindegrosshansdorf.de -Stand:9.3.2016. Schreyer (1981) S. 136.

HAA_ORH_048.-62-1080_(0747)

HAA_ORh_048.-62-1079_(0746)

HAA_ORh_048.-62-1084_(0751)

HAA_ORh_048.-62-1082_(0749)

HAA_ORH_048.-67-1085_(0755)

HAA_ORh_048.-67-1086_(0756)

HAA_ORh_048.-63-619_(0752)

4.3.45 Johanniskirche (1956 NI Stade)

1954-1956; Kirche; Gemeindehaus, Pastorat
Sandersweg 69, Wettbewerb

Einw.: 22.12.1956[111], Dr. Hanns Lilje
Pastor: Dr. Curt Georgi
Künstler: Hans Gottfried von Stockhausen (F 1957)
Bauleitung Architektenehepaar Buttge

HAA_ORh_006.57-318_(0167)

---

[111] KG_Johanniskirche_Stade (2006) S. 57.

HAA_ORh_006.57-342_(0171)

HAA_ORh_006.57-320_(0163)

HAA_ORh_006.57-344_(0165)

HAA_ORh_006.57-326_(0166)

HAA_ORh_006.57-349_(0173)

HAA_ORh_006.57-119_(0174)

HAA_ORh_006.60-609_(0177)

4.3.46 Marienkirche (1960 SH Flensburg)

Renovierung Kirchenraum
Marienkirchhof 7[112]
Einw.:
Pastor: Jordahn (?)
Künstler: Hans Gottfried von Stockhausen (F Schöpfung)
Mitarbeiter: Völkel

HAA_ORh_003.59-602_(0080)

---

[112] Ev.-Luth. Kirchengemeinde St. Marien Flensburg, Internetauftritt 15.02.2015; Wikipedia.

HAA_ORh_003.59-603_(0081)

HAA_ORh_003.59-604_(0082)

HAA_ORh_003.59-606_(0084)

HAA_ORh_003.59-605_(0083)

HAA_ORh_003.59-609_(0086)

HAA_ORh_003.59-608_(0085)

4.3.47 Nicolaikirche (1960 SH Flensburg)

Die Webseite http://www.nikolaikirche-flensburg.de bietet Informationen zur Kirche und u.a. einen Rundgang. Über die Umbaumaßnahmen durch H&J finden sich nur wenige Informationen. Der gedruckte Kirchenführer von 1984 enthält keine namentlich bezeichneten Informationen zu den angeführten H&J-Aktivitäten der fraglichen Zeit:

> „Eine **erneute Innenrenovierung** erfolgt 1958/60. Die Ausmalung von 1901 wird beseitigt, nur die mittelalterlichen Fresken bleiben. Das Innere wird weiß getüncht. Die Kanzel wird um einen Pfeiler nach Osten versetzt, der Altarraum verkleinert, die Brüstung entfernt. 1960 werden das östliche Fenster des Nordseitenschiffs und die Fenster der Ostwand durch Hans Gottfried von Stockhausen neu gestaltet."[113]

---

[113] St. Marien Flensburg. Schnell, Kunstführer Nr. 1484, München und Zürich 1984, S. 3.

Nikolaikirche_Flensburg_Orgel; Urheber: Hajotthu[114]

Nicht nur wegen der ganz besonderen Orgel gilt die Nikolaikirche als wichtiges Kulturdenkmal der Stadt:

Urheber: Wolfgang_Pehlemann[115]

---

[114] https://upload.wikimedia.org/wikipedia/commons/1/10/Nikolaikirche_Flensburg_Orgel.JPG.
[115] https://de.wikipedia.org/wiki/Datei:Luftbild_Kulturdenkmal_Flensburg_St._Nikolai-Kirche_am_-S%C3%BCdermarkt_Schleswig-Holstein_Foto_Wolfgang_Pehlemann_Steinberg_IMG_6190.jpg

4.3.48 St.Jacobi-Kirche (1962 HH Altstadt)

Wiederaufbau, neuer Turm (siehe unter 4.3.4 zur Erneuerung der Turmhalle 1935)
Jacobikirchhof 22[116]

Einw.:   24.5.1959; Richtfest des Turmhelms 15.9.1960; 1962 Fertigstellung
          siehe unten Gedenktafel Ausschnitt HAA_ORh_048.-70-1312_(0812)

Pastor: Adolf Drechsler (bis 1.1.1961); Dr. Hand Engelland, Dr. Dr. Paul Seifert

Künstler: Charles Crodel (F 1959)

          Fritz Fleer (A Kruzifix), Weber (Hauptportal)

Mitarbeiter-innen: Dr. Daniel Brunzema, Herr Steinfath, Asmus Hopp,
                    Frau Hüttmann, Frau Lau, Frau Schneider[117]

HAA_ORh_048-63-865_(0782)

---

[116] www.jacobus.de Stand. 28.2.2016.
[117] Hopp+Jäger: 28.6.1960 Vorbereitungen für die Einweihung des Turmhelms.

HAA_ORh_048.-67-559_(0805)

HAA_ORh_048.-70-1307_(0808)

HAA_ORh_048.-70-1322_(0813)

HAA_ORh_048.-70-1312_(0812)

Ausschnitt aus
HAA_ORh_048.-70-1312_(0812)

HAA_ORh_048.-70-1443_(0815)

4.3.49 Paulus-Kirche (1962 NW Hamm)

Renovierungen (bereits 1939-41 siehe unter 4.4.4, nach dem Krieg Wiederaufbau u.a. auch des zerstörten Turmes mit neuem Turmhelm); Marktplatz 16[118]

Einw.: 31.10.1954; Turmhelm 31.10.1962

Pastor: Martin Berthold;

Künstler: Hilde Viering

HAA_ORh_009.63-1057_(0377)

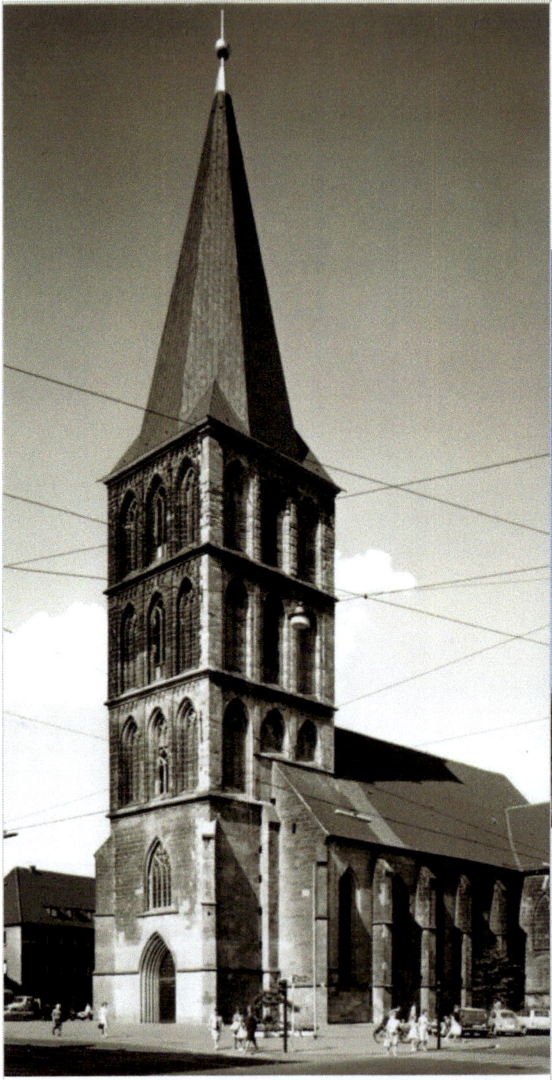

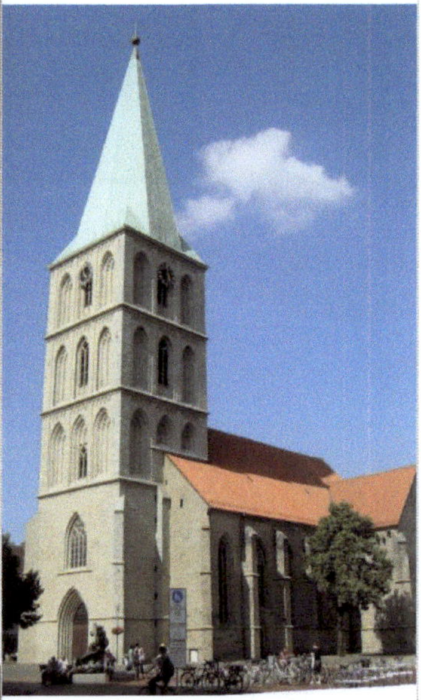

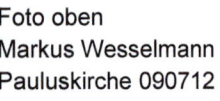

Foto oben
Markus Wesselmann
Pauluskirche 090712

---

118 http://www.evangelische-kirchengemeinde-hamm.de/wir-feiern-gottesdienst/unsere-kirchen/pauluskirche/ - Stand: 28.11.2016.

HAA_ORh_009.63-1063_(0340

Ausschnitt aus HAA_ORh_023.63-1059_(0499)

4.3.50 Pauluskirche (1962 HH Eidelstedt)

Nur Gemeindehaus

Pastor: Adolf Ruppelt (Pauluskirche: 1951-1966; ab 1966 Propst in Altona)

HAA_ORh_054.62-572_(0872)

Pauluskirche nach der Abbildung auf der Webseite der Gemeinde

4.3.51 Osterkirche im Jacobi-Park (1962 HH Eilbek)

Wandsbeker Chaussee Einw.: 1962[119]

Osterkirche_Jacobipark_Eilbek3_Tafel

---

[119] https://de.wikipedia.org/wiki/Datei:Osterkirche_im_park.jpg (Fotos von ‚Dirtsc)

HAA_Jäger_Lüden_N067.6-1054_(0383)

HAA_Jäger_Lüden_N067.6-1054_(0387)

4.3.52 Johanneskapelle (1959 HH Rothenburgsort)

1959 Kirchenneubau; mit Neuerungen bis 1964
Billhorner Mühlenweg 31
Einw.: 1959[120]
Pastor:
Künstler: B. Hopp (A B K T)

HAA_ORh_055.64-16_(0898)

HAA_ORh_054.62-599_(0874)

HAA_ORh_054.62-598_(0873)

---

[120] Kühn / Rohrbeck (1970) S. 240; https://www.nordkirche.de/adressen/visitenkarten/-institutionen/detail/institution/johanneskapelle.html und http://www.hochkirchliche-vereinigung.de/.

4.3.53   Kirche Groß Flottbek (1962 HH Gr.Flottbek)

Renovierung[121], Verbindungsbau zum Pastorat,
Künstler: Carl Fey-Talmühlen (W Deckenbemalung)

---

[121] Siehe zur Gestaltung und Umbau 1962 Lobe / Vennebusch (2013) S. 19.

4.3.54 Lutherkirche (1961 NI Fredenbek)

Einw.: 29.10.1961[122]
Pastor: Herbert Knoblauch
Künstler: Hermann Junker (Kruzifixus); Barbara Übel (P)

[122] Quelle: Kirchenchronik des Gemeindearchivs – mit Dank an Pastor Dr. Michael Blömer.

HAA_ORh_054.62-336_(0867)

HAA_ORh_054.62-338_(0869)

HAA_ORh_054.62-337_(0868)

Rechts:
Kruzifixus von Hermann Junker

WP_20160812_056

WP_20160812_051

WP_20160812_050

HAA_ORh_054.62-407_(0870)

4.3.55 Altstädter Nikolaikirche (1962 NW Bielefeld)

Renovierung 1954ff und neue Kirchenraumgestaltung, Turm 1962
Altstädter Kirchstraße 1[123]

Pastor: Tiesler (?), (als Prediger) Prof. Martin Berthold (Rektor der Pädag.
          Akademie)
Künstler: Gerhard Marcks (Portal 1963)**

Foto vom Urheber ‚Zefram'[124]

---

[123] www.altstadt-nicolai.de (Stand: 15.2.2016) mit Rundgang u.a. Museum mit Kirchenmodell zum Wiederaufbau. Der Turmstumpf St. Nikolai ist auf dem Altstadt-Foto vom 29.3.1961 https://de.wikipedia.org/wiki/Datei:Bundesarchiv_B_145_Bild-F009886-0002,_Bielefeld,_Stadtaufnahme.jpg noch zu sehen. Im Briefwechsel mit F. v. Bodelschwingh (s. Anm. 101) kündigt B. Hopp für das Frühjahr 1961 den Beginn der Arbeiten an.
[124] Zugeordnet im Artikel https://de.wikipedia.org/wiki/Altst%C3%A4dter_Nicolaikirche.

HAA_ORh_002.16-.._(000.)

HAA_ORh_002.16-12_(0010)

HAA_ORH_002.16-2_(0005)

HAA_ORh_002.16-6_(0004)

HAA_ORh_002.16-10_(0008)

HAA_ORh_002.16-11_(0009)

4.3.56 Christuskirche (1962 HH Eidelstedt)

1962; Kirche, Gemeindehaus
Halstenbeker Weg 22[125]

Pastor:
Künstler:

HAA_ORH_054.62-738_(0878)

---

[125] www.kirchengemeinde-eidelstadt.de - Stand: 9.3.2016; 2014 war im Internet verfügbar: „Gesamtkonzept Umgestaltung Innenraum Christuskirche_Eidelstedt 04.03.2014.pdf".

HAA_ORh_054.62-739_(0879)

HAA_ORh_054.62-737_(0877)

4.3.57 St.Markus (1958 NI Osnabrück)

1958; Osnabrück – Markuskirche; Turm (1963?)
Julius-Heywinkel-Weg 2[126]
Einw.: 1958
Pastor: Ehlert
Künstler:

HAA_ORh_055.63-1049_(0889)

---

[126] https://nordwestgemeinde.wir-e.de/Orte.

HAA_ORh_055.63-1051_(0891)

HAA_ORh_055.63-1052_(0892)

Bauphase (noch ohne Turm; Quelle Website der Gemeinde)

HAA_ORh_055.63-1054_(0894)

4.3.58 St.Johannis (1964 SH Adelby/Flensburg)

Restaurierung, Ausmalung
Einw.:
Pastor: Herr Vollstedt[127]
Künstler: Restaurator Carl Fey-Talmühlen (W)

---

[127] www.kirche-adelby.de.

HAA_ORh_008.8_(0228)

HAA_ORh_008.9_(0229)

4.3.59 Innien-Aukrug (1965 SH Innien-Aukrug/Rendsburg)

Es liegt z.Z. keine selbstständige bildliche Dokumentation zu diesem Projekt vor, das 1979 in der dem „Projektbericht Nr. 1" zugrundeliegenden Liste aufgeführt wurde.

Pastor: Georg Klemmt

Nach den Angaben des Archivs der Nordkirche (LKAK 18.33.10) ist die Gemeindebezeichnung 1970 geändert worden:

> „Die Kirchengemeinde Aukrug wurde am 01.04.1902 als Kirchengemeinde Innien aus der Kirchengemeinde Nortorf ausgegliedert. Am 01.06.1970 erfolgte die Umbenennung in Kirchengemeinde Aukrug."

Ein entsprechender Internet Eintrag zur Kirche in Aukrug erwähnt Umbau und Renovierungsarbeiten 1965 und bietet das folgende Bild:[128]

---

[128] https://de.wikipedia.org/wiki/Evangelische_Kirche_Aukrug.

Kircheneingang-aukrug Urheber: Fonzie

4.3.60 Büchen (1965 SH Büchen)

Marienkirche in Büchen(-Dorf).[129]

Es liegt z.Z. keine selbstständige Dokumentation zu diesem Projekt vor, das 1979 in der dem „Projektbericht Nr. 1" zugrundeliegenden Liste aufgeführt wurde. Bereits in einer inzwischen aus dem Nachlass Jäger verfügbaren weiteren Liste von 1942 über durchgeführte und noch geplante Baumaßnahmen begegnet für

> „1941 Heizungseinbau Kirche Büchen".[130]

Die Kirche in Büchen wird in der bildlichen Zusammenstellung "Kirche zwischen Nord- und Ostsee" genannt, die in der Festschrift für Bischof Wester 1967 erschienen ist::

> „Zur vorreformatorischen Zeit war Büchen (unten) ein vielbesuchter Wallfahrtsort. Verschiedene Bauteile der guterhaltenen dreischiffigen gotischen Backsteinkriche stammen aus dem 13. Jahrhundert. Der Bau wurde von 1955 bis 1959 restauriert."[131]

Dem Wikipedia-Artikel, der u.a. die historischen Kunstgegenstände der Kirche beschreibt, ist das folgende Bild zugeordnet:

132

---

[129] Wikipedia-Artikel „Marienkirche Büchen" (download v. 9.12.2016) und http://www.kirche-in-buechen.de/cms2/.
[130] Siehe dazu das H&J-Schreiben vom 31.8.1942 zu den von Herrn Steinfath bearbeiteten Aufträgen (siehe unten die Abbildung dieses Schreiben in den Nachträgen 3.4.5).
[131] Schreyer (1967) S. 100 mit dem oben abgebildeten Foto.
[132] Marienkirche_zu_Büchen vom Autor „Infestus 969".

„Inneres der Kirche. Westteil
Ca. 1240-1250 erbaut"[133]

---

[133] Kamphausen (1955) Bild Nr. 38 mit Untertitel.

4.3.61 Albersdorf (1965 SH Albersdorf/Heide)

St. Remigius[134]
Sanierung, Neubau Turm
Kapellenplatz 3
Einw.:
Pastor:
Künstler:

HAA_ORh_011.67-724_(0352)

---

[134] www.kirchengemeinde-albersdorf.de - Stand 03.03.2016.

HAA_ORh_009.oN_(0287)

HAA_ORh_011.67-339_(0351)

4.3.62   St. Nikolai Moorfleet (1965 HH Moorfleet)

Renovierung 1965-1967;[135] Hamburg-Moorfleet; Nikolai-Kirche

Pastor:
Künstler: Carl Fey-Talmühlen (Kirchenausmalung); Klaus Jürgen Luckey (T 1968)
Mitarbeiter: Johannes Gries; Dr. Daniel Brunzema; (H. Philipp bei JGB ?)

HAA_ORh_056.67-614_(0927)

HAA_ORh_056.67-617_(0933)

---

[135] Kühn / Rohrbeck (1970) S. 238.

HAA_ORh_056.67-617_(0932)

4.3.63 St.Michael-Kirche (1966 NI Rotenburg / a.d.Wümme)

1963-1964; Michael-Kirche; Gemeindezentrum: Kirche, Gemeindehaus, Kindergarten, Pastorat

Bischofstraße 8[136]

Wettbewerb,

Einw.:   28.11.1964 (durch Dr.D.Hanns Lilje)
Pastor: Georg Sundermann
Künstler: Elmar Lindner
Mitarbeiter: Dr. Daniel Brunzema

HAA_ORh_045.65-2252_(0709)

---

[136] http://michael.kirche-rotenburg.de (20.3.2016)."50-jähriges Jubiläum"

HAA_ORh_045.65_2253_(0710)

HAA_ORh_045.65-2255_(0712)

HAA_ORh_045.65-2238_(0705)

HAA_ORh_045.65-2237_(0704)

HAA_ORh_045.66-765_(0716)

HAA_ORh_045.66-767_(0718)

4.3.64 Thomas-Kirche (1966 HH Bramfeld/Hellbrook)

1964-1966; Kirchenneubau; Gemeindezentrum (1957)
Haldesdorfer Straße 26-28[137]
Einw.:   6.2.1966
Pastor: Dr. Hans Joachim Wachs
Künstler: Eira Ahola (Wandbehang)
           Klaus Luckey (A mit Kreuz K L T)
Mitarbeiter: Asmus Hopp

HAA_ORh_056.68-1321_(0973)

---

[137] www.thomaskirche-bramfeld.de - Stand: 03.03.2016.

HAA_ORh_009.68-348-(0301)

HAA_ORh_009.68-1320_(0302)

4.3.65 Harsefeld (1966 NI Harsefeld/Buxtehude)

1965-1966 (?); Renovierung, Umgestaltung des Kirchenraums
Denkmalsweg 1[138]

Pastor:
Künstler:

HAA_ORh_055.65-74_(0900)

HAA_ORh_055.65-70_(0899)

---

[138] www.kirche-harsefeld.de - Stand:/.3.2016.

HAA_ORh_55.66-1171_(0904)

4.3.66 Paul-Gerhardt-Kirche (1965 NW Rheine)

Es liegt z.Z. keine selbstständige Dokumentation zu diesem Projekt vor, das 1979 in der dem „Projektbericht Nr. 1" zugrundeliegenden Liste als „1967 Paul Gerhard-Kirche Westfalen" aufgeführt wurde. In der „Liste entwidmeter Kirchen in der Evangelischen Kirche von Westfalen" findet sich der Eintrag:

> „Rheine, Paul-Gerhardt-Kirche: aufgegeben, Glocken und Orgel kamen in die Kirche St. Katharinen (Kiew)"[139]

In der Online-Geschichtsdarstellung der Jakobi-Kirche in Rheine (siehe bei 4.3.41) wird folgender Sachverhalt angegeben:

> „Die Veränderungen in der Gemeinde lassen sich am Rückbau der Paul-Gerhardt-Kirche und der Zupfarrung des Stadtteils Mesum festhalten. Im Januar 2002 wurde der vorher zur Evangelischen Kirchengemeinde Emsdetten - und damit zum Kirchenkreis Steinfurt-Coesfeld-Borken – gehörende Ortsteil „Mesum" – den kommunalen Grenzen entsprechend - an die Jakobi-Gemeinde angegliedert."[140]

Durch die freundliche Unterstützung der Kirchengemeinde Jakobi[141] ist die Chronik zum 150jährigen Bestehen der Kirchengemeinde „Evangelische Kirchengemeinde Jakobi zu Rheine 1838-1988" von Christiane Joos-Koch inzwischen verfügbar gemacht worden. Darin finden sich die Angaben zu den Umständen der Errichtung dieser Kirche, deren „Bau ... dadurch erleichtert [wurde], daß das Verteidigungsministerium bereit war, 80% der Baukosten zu übernehmen." Sie wurde am „1. Advent, dem 28.11.1965, ... durch den Militätbischof D. Kunst eingeweiht."[142]

Aus einem zitierten Schreiben von J. Gries vom 11.5.1976 geht der bauliche Zustand des Turmes hervor. Er wies darauf hin

> „daß sich an den Stahlbetonfertigteilen am Turm ca. fünf Zentimeter breite Risse gebildet haben, aus denen der Zementmörtel herausbröckel."

Zwei Fotos geben einen Eindruck vom Äußeren des Gebäudes, dessen Turm-Abriss und –Neubau auf Grund „der mangelnden Erfahrung in der Verarbeitung der damals neuen Baumaterialien zu erklären waren." Der Turm konnte, nachdem er vollständig abgetragen und „nach Plänen von Kallmeyer und Herbst aus Oberhausen aus herkömmlichen roten Ziegelsteinen neu" aufgemauert wurde, 1986 neu eingeweiht werden. Zum Zeitpunkt der Chronik 1988 war der spätere Rückbau des gesamten Gebäudes noch nicht in Sicht.

---

[139] https://de.wikipedia.org/wiki/Liste_entwidmeter_Kirchen_in_der_Evangelischen_-Kirche_von_Westfalen.

[140] http://www.jakobi-rheine.de/wir-ueber-uns/geschichte: "Entstehung der Jakobi Gemeinde" (09.12.2016).

[141] Besonders zu danken ist Frau Ina Holl im Gemeindeamt für ihre prompte und unkomplizierte Unterstützung durch die Festschrift sowie am 18.1.2017 zusätzlich für die Zusendung des Fotos vom Altarraum aus dem Gemeindearchiv und eines Zeitungsausschnitts aus dem ‚Rheiner Volksblatt' vom 21.12.1999 mit einem Artikel über den Vorgang der Turm-Sprengung: „Glockenturm legt sich exakt ins Bett".

[142] Joss-Koch (1988) S. 260f.

4.3.67 St.Petri (1967 NI Buxtehude /. Hannover)

Renovierung
Hansestraße 1[143]

Pastor:
Künstler: Carl Fey-Talmühlen (W)

HAA_ORH_009.68-569_(0299)

---

[143] www.st-petri-buxtehude.de Stand: 03.03.2016.

HAA_ORH_009.68-605_(0295)

HAA_ORH_009.68-603_(0294)

4.3.68 Wallsbüll (1968 SH Wallsbüll/Flensburg)

Renovierung 1965- 1966 (?); Christophorus-Kirche
Restaurierung
Hauptstraße 21[144]
Einw.:
Pastor:
Künstler:

HAA_ORh_056.68-623_(0960)

---

[144] https://www.kirchenkreis-schleswig-flensburg.de/gemeinden/kreisgebiet-schleswig-flensburg/wallsbuell.html Stand:28.11.16.

HAA_ORh_052.68-624_(0961)

HAA_ORh_056.68-625_(0962)

4.3.69 Handewitt (1964 SH Handewitt/Flensburg)

Renovierung
Einw.: 29.11.1964 (durch Bischof Wester) [145]
Pastor: Jens-Hinrich Pörksen

---

[145] KG_Handewitt (1984) S. 27.

4.3.70 Eggebek (1970 SH Eggebek/Flensburg)

Ev.-Luth. Kirchengemeinde Eggebek-Jörl
Hauptstraße 52
24852 Eggebek[146]

---

[146] https://www.kirchenkreis-schleswig-flensburg.de/gemeinden/kreisgebiet-schleswig-flensburg/eggebek-joerl.html. Foto vom Autor Pelz.

4.3.71 Niendorf (1957-1963 HH Niendorf)

1955 – 1963 Hamburg- Niendorf, Kirche am Markt[147]
Gemeindehaus, Friedhofskapelle, Pastorat, Glockenturm, Restaurierung der Kirche
Niendorfer Marktplatz 3 a
Einw.:
Pastor: Rudolf Hoppe
Künstler:

HAA_ORh_044.58-1320_(0702)

---

[147] www.kirche-in-niendorf.de – Stand:9.3.2016.

HAA_ORh_008.4_(0224)

HAA_ORh_044.63-1346_(0701)

HAA_ORh_044.57-915_(0698)

HAA_ORh_044.57-951_(0700)

HAA_ORh_044.3_(0695)

HAA_ORh_044.7-_(0696)

4.3.72 Baptisten Hamm (? 19xx NW Hamm)

Bei der Angabe über eine baptistische Kirche in Hamm/Westf., die 1979 in der dem „Projektbericht Nr. 1" zugrundeliegenden Liste aufgeführt wurde, handelt es sich um eine Verwechselung mit der „Julius-Köbner-Kapelle (1951 HH Hamm)" unter Nr. 4.3.24.

Fotos von einem anderen baptistischen Kirchraum sind bisher noch nicht zuzuordnen:

HAA_Jäger_Lüden_N017.2834_(1050)

HAA_Jäger_Lüden_N017.2834_(1056)

4.4 Ergänzungen zum ‚Projektbericht Nr. 1'

Nachdem im Abschnitt 4.3 „Kirchenbauten im ‚Projekbericht Nr. 1'" die einzelnen Elemente der dort gebotenen Werkliste mit zugehörigen Bildern – soweit z.Z. möglich – geboten wurden, sollen in diesem Abschnitt diejenigen Projekte angeführt werden, die uns neu zur Kenntnis gekommen sind – oder die aus der Werkauflistung von 1979 bisher unberücksichtigt geblieben waren, weil der Fokus auf Kirchgebäude im engeren Sinn gerichtet war. Jedoch sind einige der bisher unberücksichtigten Projekte in kirchlicher Trägerschaft ebenfalls von Interesse, weil in ihnen z.b. Andachtsräume vorhanden sind oder die Einrichtung der Begegnung von unterschiedlichen Menschengruppen dient und damit die Entwicklung des Architekturbüros erkennbar macht. Denn neben Kirchbauten kommen zunehmend Projekte im Bereich der Errichtung von Krankenhäusern und anderen sozialen oder öffentlichen Einrichtungen zum Profil der Nachkriegsaufträge hinzu. Der Beginn solchen öffentlichen Engagements bei den Grindelhochhäusern ist deshalb hier auch mit aufgenommen.

Eine Quelle für neue Erkenntnisse zur Frühphase stellt eine werbende Zusammenstellung von R. Jäger dar, die er für die Gemeinde in Balje am 4.1.1937 erstellt hat, deren Kirche zuvor Weihnachten 1936 durch ein Feuer vollständig zerstört worden war.[148] Aus diesem Schreiben ergibt sich zum einen die Korrektur zu einer früheren Angabe R. Jägers von 1934 über eine Erneuerung der Turmhalle in der Hauptkirche St. Nikolai. Es handelte sich tatsächlich um die „Erneuerung der Turmhalle in der Hauptkirche St. Jacobi", die dann 1935 eingeweiht wurde (dazu siehe im Abschnitt 4.3.4). Zudem findet sich erstmals ein Hinweis auf Bauaktivitäten im Ort Flemendorf in Pommern:

```
Neubau einer Kirche in Born auf dem Dars in Pommern
Neubau einer Kirche in List auf Sylt
Neubau einer Friedhofskapelle in Düneberg/Elbe
Neubau einer Friedhofskapelle in Flemendorf /Pomern

Erneuerung der Friedhofskapelle in Altona-Bahrenfeld
Erneuerung der Kirche in Mulsum/Kreis Stade
Erneuerung der Kirche in Sittensen(Han)
Erneuerung der Kirche in Prerow auf dem Dars in Pommern
Erneuerung der Kirche in Bodstedt in Pommern
Erneuerung der Kirche in Flemendorf in Pommern
Erneuerung der Turmhalle in der Hauptkirche St.Jacobi in Hamburg

zur Zeit sind wir beschäftigt mit dem
Neubau der Kirche in Wellingsbüttel bei Hamburg
Neubau der Kirche in Hamm in Westfalen
Um- und Erweiterungsbau der Kirche in Hamburg-Fuhlsbüttel
Erneuerung der Kirche in Elsdorf(Han)
     ...enden Aufzählung entnehmen mögen, sind wir
                                      ...ch verschiedene
```

Auch ein zweites Dokument ist inzwischen verfügbar, das sowohl diejenigen vier Bauwerke umfasst, die oben im Schreiben vom 4.1.1937 zwar aufgelistet sind, für die jedoch noch angegeben wird: „zur Zeit sind wir beschäftigt mit". Es handelt sich um eine Aufstellung, die den Zeitraum vom 15. März 1937 bis 31. August 1942

---

[148] Siehe die Reproduktion des Schreibens in Gleßmer / Jäger / Hopp (2016) S. 157.

umfasst und die mit den Angaben zu den Kosten der jeweiligen Baumaßnahme den ‚Wirtschaftsfaktor' hervorhebt, der als Beitrag zur Beschäftigung durch die Kirchbau-Aktivitäten vom Architekturbüro geleistet wird Speziell bezieht sich dieses Schreiben auf die Mitwirkung des im Büro angestellten Mitarbeiters, Architekt Heinrich Steinfath, dessen Einberufung in den Militärdienst durch einen Antrag abgewendet werden sollte, indem er für „unabkömmlich" eingestuft würde. Die folgenden zwei Seiten dieses Schreibens beinhalten auch geplante Baumaßnahmen, deren Realisierung noch aussteht:

BERNHARD HOPP, DIPL.-ING. RUDOLF JÄGER, ARCHITEKTEN
MITGLIEDER DER REICHSKAMMER DER BILDENDEN KÜNSTE
HAMBURG 36, KÖNIGSTR. 14/16, FERNRUF 346185

Hamburg, den 31.8.1942

In der Zeit vom 15.März 1937 bis 31.August 1942 hat Herr Steinfath bei uns folgende Vorhaben bearbeitet :

	Ausgeführte Bauten	Baukosten:
Mai - Nov.1937	Kirche in Wellingsbüttel	RM. 78.000.-
Juli 1937	Traditionsraum Wempe	7.500.-
Juni 37 - März 1938	Kirche Hamm /Westf.	124.000.-
Nov.37 - Nov. 1938	Kirche Klein Borstel	92.000.-
August 1937	Kirche Fuhlsbüttel, Um- und Erweiterungsbau	118.000.-
Juli - Dez.1938	Kirche Alsterdorfer-Anstalten Erneuerung	24.000.-
März - Okt. 1939	Treppenhalle Landeskirchenamt Erneuerung	23.000.-
Juni 1939	Wohnhaus Treudelberg, Umbau	6.000.-
Jan.-Juli 1941	Ausstellungs- und Lagerräume Wempe Zentrale	68.000.-
1939 - 1941	Pauluskirche Hamm /Westf. Erneuerung	137.000.-
1941	Umbau Wempe Steinstrasse 23	120.000.-
1941	Heizungseinbau Kirche Büchen	13.000.-

-.-.-.-.-

Wettbewerbe

1937	Gemeindehaus Kreuzkirche Altona
	Verwaltungsgebäude der Hamburger Feuerkasse
1938	Adolf-Hitlerplatz Boizenburg /Elbe
	Hitler-Jugendheim Finkenwärder
	Verwaltungsgebäude Garstedt
1939	Kirche Grossmannstrasse
	Kirche Kaspar Voght-Strasse
1940	Ost-West-Strasse Hamburg
1941	Wohnhausbauten Niedersachsen

-.-.-.-.-

Blatt 2

224

Diese erste Seite des Schreibens von 1942[149] nennt drei erfolgte Bauaktivitäten, die als Kirchbau-bezogene Aktivitäten für den frühen Zeitraum noch nicht im „Projektbericht Nr. 1" vermerkt waren: 1.) Pauluskirche Hamm / Westfalen; 2.) Treppenhaus Landeskirchenamt Hamburg; 3.) Kirche Büchen.

Blatt 2

	Noch nicht ausgeführte Bauten:	Baukosten - schätzung:
1937	Kirche in Lokstedt	95.000.-
1938	Kirche und Gemeindehaus Schnelsen	125.000.-
	Pastorat Niendorf, Umbau	13.000.-
	Kapelle in Haste	20.000.-
	Kapelle in Sundern	18.000.-
	Gemeindehaus Berries	70.000.-
1939	Kirche zu Kirchsteinbeck, Erneuerung	
	Kirche und Pastorat in Eyeking	145.000.-
	Gemeindehaus und Pastorate Hamburg-Fuhlsbüttel	195.000.-
	Wohnhaus Werderstrasse 21, Umbau	18.000.-
	Forschungsinstitut Sternwarte Glashütte	50.000.-
	Kapelle und Krankenhausanbau, Münster	175.000.-
1940	Kapelle in Hüsten	70.000.-
	Friedhofskapelle Hamm/Westf.	20.000.-
	Konsistorium Danzig, Umbau	100.000.-
1941	Friedhofskapelle Herringen	35.000.-
1937 - 1941	Kirche St.Petri Hamburg, Altarraum, Turmhalle	72.000.-
1939/41	Kirche in Tonnesch	45.000.-
1941	Pastorat in Isblau, Umbau	20.000.-
	Kirche und Pastorat Dortmund-Dorstfeld	117.000.-
1941/42	Kreiskrankenhaus Dirschau	4.900.000.-
1941	Kirche in Büchen, Erneuerung	
1942	Wohnhaus Entralat	44.000.-
	Ländliche Pfarrstelle	70.000.-
	Superintendentur	235.000.-
	2 Kleinkirchen	15.000.-

-.-.-.-.-.-

Die „noch nicht ausgeführten Bauten", die auf Seite 2 gelistet sind, waren zwar bereits geplant (und hatten wie etwa in Sundern[150] z.T. auch eine Baugenehmigung vor Kriegsbeginn). Sie sind jedoch entweder wegen der Einberufung von Mitarbeitern der Baufirmen oder wegen des Baustopps für Kirchbauten nicht mehr vor dem Krieg realisiert worden.

---

[150] Vgl. dazu Gleßmer / Jäger / Hopp (2016) S. 217ff.

4.4.1 Kirche und Friedhofskapelle (1935 MVP Flemendorf)

Es wird in dem zuerst genannten Schreiben vom 4.1.1937 sowohl der „Neubau einer Friedhofskapelle in Flemendorf / Pommern" als auch die „Erneuerung der Kirche in Flemendorf / Pommern" mit aufgelistet. Beide Projekte sind bisher nicht anderweitig als H&J-Aktivitäten bekannt gewesen.

Heutzutage gehört Flemendorf zu Groß Kordshagen, wie ein entsprechender Wikipedia-Artikel ausweist:

> „Groß Kordshagen liegt am südlichen Ufer der Grabow, eines Teils des Barther Boddens. Etwa acht Kilometer westlich der Gemeinde befindet sich die Stadt Barth und zirka 18 Kilometer östlich die Stadt Stralsund. Zur Gemeinde gehören die Ortsteile Arbshagen, Groß Kordshagen und Flemendorf."[151]

152

Die Entstehung der eigenartigen Form wird in dem zur Marienkirche separat verfügbaren Wikipedia-Artikel wie folgt beschrieben:

> „Die schlichte Kirche wurde um 1380 auf einem Feldsteinsockel errichtet. Sie ist eine Vertreterin der für diese Region typischen Backsteingotik. Der 7/12-Chorabschluss ist weit gefächert. Der niedrige Kirchturm wurde im 19. Jahrhundert angebaut, wobei das steinerne Untergeschoss aus dem 15. Jahrhundert stammt; ursprünglich gab es einen in Fachwerk ausgeführten Turm, seit dem 19. Jahrhundert steht der noch heute erhaltene verbretterte Turmaufsatz. 1935 wurde der neugotische Zierrat der Einrichtung entfernt oder verdeckt."[153]

Die für 1935 erwähnte Verdeckung oder Entfernung des neugotischen Zierrates wird diejenige Erneuerungs-Aktivität ausmachen, auf die sich die H&J-Liste bezieht.

---

[151] https://de.wikipedia.org/wiki/Gro%C3%9F_Kordshagen (11.12.2016).

[152] Dorfkirche_Flemendorf_(2008-04-03)_Autor_Klugschnacker

[153] https://de.wikipedia.org/wiki/St.-Marien-Kirche_(Flemendorf) (11.12.2016)

Wie genau die genannten Veränderungen vorzustellen sind, ist aus den Formulierungen nicht zu entnehmen. Möglicherweise finden sich dazu weitere Hinweise über die Literaturangaben, die über die Datenbankabfrage der Landesbibliografie mit der Auswahl „Flemendorf / Dorfkirche" zusammengestellt wird:[154]

• **Ihre Aktion** bezogen auf _Flemendorf / Dorfkirche_

1. Flemendorf, Kirchenkreis Barth
   / Brigitte Becker-Carus. - In: Taufengel in Pommern (2012), S.77-78
2. Die Sippentafel in Flemendorf : ein Gemälde der Dürernachfolge in Vorpommern
   / Burkhard Kunkel. - In: Kunstchronik, Bd. 64 (2011), 8, S.435-440
3. Die Kirchen von Kenz, Bodstedt und Flemendorf
   / Tilo Schöfbeck. - 1. Aufl. - Regensburg : Schnell & Steiner, 2003
4. Flemendorf, Gem. Groß Kordshagen, Lkr. Nordvorpommern
   In: Mecklenburg-Vorpommern (2000), S.133
5. Drachen, Einhörner und Morgensteine mit Tierpfoten
   / Eckhard Oberdörfer. - In: Ostsee-Zeitung, Bd. 43 (1995), 138, S.13
6. Flemendorf : Dorfkirche, Küsterhaus
   In: Vorpommersche Küstenregion (1995), S.30-32
7. Flemendorf
   In: Knaurs Kulturführer in Farbe Mecklenburg-Vorpommern (1991), S.34
8. Flemendorf (Kr. Stralsund)
   / Norbert Buske. - In: Dorfkirchen in der Landeskirche Greifswald (1984), S.188, 101
9. Gross Kordshagen (Flemendorf) Bez. Rostock Ldkr. Stralsund : Dorfkirche
   In: [Textband] (1968), S.128-129

---

[154] www.landesbibliographie-mv.de.

Die über Wikipedia verfügbare „Liste der Baudenkmale in Groß Kordshagen" nennt für Flemendorf auch die „Friedhofskapelle auf neuem Friedhof".

Für diese Kapelle findet sich ein Bild in einer Zusammenstellung „Gemeinde Groß Kordshagen Gesamtgalerie"[155]

Der Kapellenbau ist insofern von Interesse, als sich auch eine ähnliche Entwurfszeichnung für den (anders realisierten) Kirchbau in Balje (=> 4.3.14) findet.[156] Zudem ist auch in dem Nachkriegsbau der Christophorus-Kirche in HH-Hummelsbüttel (=> 4.3.26) eine ähnliche Bauweise realisiert worden (zuerst auch ohne Turm).

---

[155]   http://www.amt-niepars.de/wp-content/gallery/gemeinde-gros-kordshagen-gesamtgalerie/flemendorf-friedhofskapelle-nf.jpg.
[156] Siehe Gleßmer / Jäger / Hopp (2016) S. 161 bei Anm. 453.

4.4.2   St. Jürgen (1931 BR Lilienthal / Bremen)

Eine weitere Aktivität ist für die Frühzeit deshalb nennens- und ergänzungswert, weil sie in Zusammenarbeit mit dem Architekten Kurt Schulze-Herringen erfolgt ist, von dem auch die Renovierung der Kirche St. Petri in Mulsum 1934ff (=> 4.3.9) an die beiden Architekten-Kollegen Hopp und Jäger weitervermittelt wurde.[157] Der über die Arbeit des Altonaer Schüler-Bibelkreises den beiden bekannte Schulze-Herringen hatte seine Tätigkeit als Architekt in dieser Zeit 1933 ruhen lassen. Er war über den – von der Deutschen Christlichen Studenten Vereinigung (=DCSV) u.a. zur Bekämpfung der Jugendarbeitslosigkeit zu Beginn der 1930-er Jahre ins Leben gerufenen – „Freiwilligen Arbeitsdienst" 1933 hauptamtlich in den von den Nationalsozialisten übernommenen „Arbeitsdienst" gewechselt, so dass er die von ihm begonnene Arbeit in Mulsum abgegeben hatte.

In dem Bau St. Jürgen / Lilienthal war er 1931 („im Jahre der Not") jedoch noch als leitender Architekt tätig, während B. Hopp begann, sich als Architekt mit R. Jäger zu etablieren, aber noch gleichzeitig für die „Werkstätte für kirchliche Kunst im Rauhen Haus" arbeitete.

Foto
Emmerich Jäger
(8.11.2013)

In einem Kirchenfenster der Kirche St. Jürgen sind die Namen der Beteiligen unter der Überschrift aufgeführt:

„Erhalt uns Herr bei deinem Wort.

Im Jahre der Not 1931 wurde das Innere dieser Kirche wiederhergestellt und neu gestaltet."

Es folgen u.a. außer dem Architekten „Dipl.Ing. Schulze-Herringen, Altona", auch der „Kunstmaler B. Hopp, Hamburg" sowie für die „Paramente und Geräte Werkstätte für kirchliche Kunst im Rauhen Haus, Hamburg".

---

[157] Siehe dazu u.a. Gleßmer / Jäger / Hopp (2016) S. 142ff bei Anm. 401.

Unten:

Ausschnittsfoto des unteren Fenster-textes (über die beteiligten Künstler und Handwerker):

4.4.3 Imsum / Insum (1930 BR Bremerhaven)

Zeitlich vor der Erneuerung von St. Jürgen (Lilienthal) ist möglicherweise eine andere Renovierung erfolgt. In Verbindung mit dem Ortsnamen „Insum" (Bremerhaven) wird von Emmerich Jägers Schwager, dem ehem. Seemannspastor in Bremerhaven, Hermann Bohlmann,[158] überliefert, dass im dortigen Turm eine Balkeninschrift „Architekt Jäger 1930" auf eine frühe Tätigkeit im Rahmen einer Kirchturmerneuerung durch Rudolf Jäger verweisen könnte.

Allerdings ist der Anfang der Balkeninschrift leider nicht lesbar. Vor dem genannten Text der Balkeninschrift finden sich die Buchstaben „aase" sowie davor noch ein N oder M. Auf einem weiteren, dritten Foto (s. am Schluss des Abschnitts) ist zu erahnen, dass ggf. auch davor noch Ziffern gestanden haben und vielleicht ein zweiter Balken ebenfalls eine Inschrift trägt. So bleibt z.Z. noch Vieles fraglich.

Auch der Ortsname „Insum" stellt vor dokumentarische Probleme.

Es wird sich um den Ort „Imsum" handeln, der nach wechselhafter Geschichte und Zugehörigkeit zu verschiedenen Nachbargemeinden in der Gegenwart einen Ortsteil bildet:

„Imsum ist eine Ortschaft in der Stadt Geestland im Landkreis Cuxhaven in Niedersachsen"

So wird es in dem entsprechenden Wikipedia-Artikel angegeben.

Die Schreib- bzw. Sprechweise „Insum" begegnet aber auch in den Angaben, die über den ehemaligen Bürgermeister von Lehe, Karl Schönewald (1878-1964), u.a. in einem entsprechenden Wikipedia-Artikel angeführt werden. Sie betreffen einen „Zusammenschluss der Unterweserorte Lehe, Langen und Insum zu einer kreisfreien Stadt" in der ersten Hälfte des 20. Jahrhunderts.

---

[158] Siehe auch in Gleßmer / Jäger / Hopp (2016) S. 144 Anm. 400.

In diesem Ort existiert in der Gegenwart keine eigene Kirche, jedoch ist ein sehr alter Turm erhalten, der als ‚Ochsenturm' bezeichnet wird. Er ist nach dem Abbruch der zugehörigen Bartholomäus-Kirche 1895 als Landmarke für die Weser-Schiffahrt erhalten geblieben. Der Ausschnitt aus einem Luftbild zeigt die Lage hinter dem Weser-Deich.[159]

Die Benennung des verbliebenen Turms als ‚Ochsenturm' wird auf eine Legende zurückgeführt, die als plattdeutsche Sage noch in der Gegend im Umlauf ist und beschreibt, wie durch einen Wettstreit zweier Dörfer durch Ochsen der Standort einer gemeinsamen Kirche herausgefunden werden sollte.[160]

IMSUMER KIRCHE VOR DEM ABBRUCH 1895 NACH EINEM ZEITGEN. FOTO VON 1878 (MORGENSTERN-MUSEUM BREMERHAVEN) DER TURM OHNE HELM BLIEB ALS ‚OCHSENTURM' ERHALTEN

Es wird auch auf der entsprechenden Webseite ein Bild der früheren Bartholomäus-Kirche gezeigt, das nach einem alten Foto von 1878 gemalt sei und dessen Original sich im Morgenstern-Museum in Bremerhaven befände.

Ob es tatsächlich dieser Turm ist, in dem sich die Inschrift befindet, ist bisher ebenfalls unsicher.

---

[159] Autor des Fotos „2013-05-03_Fotoflug_Nordholz_Papenburg_HP_3647" ist „Alchemist_HP".
[160] Siehe http://juwiswelt.blogspot.de/2008/09/der-ochsenturm.html (abgerufen 24.12.2016).

Deutlich ist jedoch, dass dieser Turm sicher in mehreren Phasen modernisiert und z.B. entsprechend der modernen Fremdenverkehrsnutzung angepasst wurde.

Eine alte Postkarte (s.u.) zeigt einen Erhaltungszustand, bei dem die Aussichtsplattform noch nicht durch einen Aufbau zum Schutz des Treppenausgangs und auch noch nicht ringsherum mit einem so dichten Gitter versehen war, wie es auf den modernen Fotos zu sehen ist.

Auch die Tür-Öffnung in der restlichen Südwand des Kirchenschiffes sowie die Schrägung der Wand sind renoviert worden.

Ob die erwähnte Inschrift auch auf die Tätigkeit des damals 27-jährigen *Rudolf* Jäger verweisen könnte, wäre durch mehrere Fragen weiter zu klären:

a) Wie passt der Zeitpunkt 1930 zu den in seinen Lebenserinnerungen genannten Tätigkeiten?

b) Gibt es weitere Hinweise auf ähnliche Dokumentationen einer Bautätigkeit?

c) Gibt es vor Ort Hinweise, dass 1930 Renovierungsarbeiten an dem Gebäude durchgeführt wurden?

a) In der ersten Jahreshälfte 1930 war Rudolf Jäger noch als Mitarbeiter beim Architekturbüro ‚Bensel, Kamps und Amsinck' in Hamburg beschäftigt. Nachdem sich das Verhältnis zu seinen Chefs nach dem Wettbewerb um das Ehrenmal an der Kleinen Alster als sehr abgekühlt bis frostig darstellte, hat er die Entscheidung getroffen, zur Ausbildung als Regierungsbaumeister nach Stuttgart zu wechseln. Dort absolvierte er eine viermonatige Dienstzeit, die jedoch ohne entsprechende Ernennung im Spätherbst 1930 zu Ende ging. Zwischenzeitlich hat er mehrfach Stuttgart verlassen und ist u.a. mit Bernhard Hopp für gemeinsame Arbeiten zur Vorbereitung der Ausstellung ‚Kunst und Form' in Berlin zusammengetroffen. Über eine Tätigkeit in der Gegend von Bremerhaven wird allerdings nichts vermerkt.

b) Eine gewisse Analogie zu der Balkeninschrift, mit der möglicherweise die Renovierungstätigkeit „Architekt Jäger 1930 " dokumentiert wurde, existierte in zwei niedersächsischen Kirchen, die 1931 und 1933 renoviert worden sind. „Im Jahr der Not 1931" wird in der St. Jürgen-Kirche in Lilienthal (11 km nördlich von der Bremer Altstadt) eine Renovierung durch den Architekten Dipl.Ing. Kurt Schulze-Herringen, Altona, durchgeführt, von der dort ein Glasfenster im Vorraum Zeugnis gibt.[161] In der Fensterinschrift mit der genannten Überschrift werden die anderen beteiligten Gewerke und auch der ‚Kunstmaler Bernhard Hopp, Hamburg' sowie die ‚Werkstätte für kirchliche Kunst im Rauhen Hause in Hamburg' genannt.

Der für die Renovierung verantwortliche Architekt Schulze-Herringen hat auch 1933 die Renovierungsarbeiten an der St. Petri-Kirche in Mulsum begonnen, in der ebenfalls ein Glasfenster diese Phase dokumentiert; dieses Mal unter der Überschrift „Im Jahre der nationalen Erhebung 1933". Über diesen Architekten ist dann im folgenden Jahr auch die Beauftragung für die Fortführung der Renovierung der Kirche in Mulsum zustandegekommen, weil er selbst wegen seines eigenen hauptberuflich sich ausweitenden Engagements für den kirchlich organisierten Vorläufer[162] zum Freiwilligen Arbeitsdienst (FAD ab 1932; und später den NS-Arbeitsdienst = NSAD) bzw. ab 1935 für den Reichsarbeitsdienst (=RAD) seinen Freund Rudolf Jäger in Mulsum für die Bauleitung vorgeschlagen hat, wie ein Brief Schulze-Herringens an Pastor Werner Stakemann vom 26.12.1933 dokumentiert.

c) Die Freundschaft zwischen Jäger und Schulze-Herringen geht auf gemeinsame Zeiten im Schüler-Bibelkreis in Altona zurück. Ihn als Architekten vorzuschlagen auf ein ebenfalls in der ‚Stuttgarter Schule' absolviertes Architekturstudium zurückgehen. Auch Hopp als ehemaliger Altonaer Bibelkreis-Leiter kannte Schulze-Herringen und hatte bereits 1931 an der oben genannten Renovierung der Kirche

---

[161] Siehe dazu den Nachtrag in Abschnitt 4.4.2 „St. Jürgen (1931 Br Bremen-Lilienthal)".

[162] Siehe dazu Illian (2005).

St. Jürgen in Bremen-Lilienthal mit ihm zusammengewirkt. Insofern ließe sich die geografische Verbindung zu Imsum auch mit einem persönlichen Zusammenhang der drei Bekannten erklären. Vermutlich spielte eine Rolle, dass Schulze-Herringen in der Region Nordniedersachsen zuerst für den FAD tätig war.[163] Ob und wie möglicherweise Aktivitäten des vom BK begründeten „Evangelischen Arbeitsdienst" in dieser Region auch mit dem BK-Reichswart (1930-1934) Udo Gerdes Smidt (1900-1978) zusammenhängen, der selbst aus Ostfriesland stammend und von 1925-1930 als Pastor in Rysum (im Emsland) sowie von 1934-1951 als Pastor der reformierten Gemeinde in Wesermünde / Bremerhaven-Lehe tätig war, wäre weiterer Untersuchungen wert.[164]

Das dritte von Hermann Bohlmann angefertigte Foto zeigt außer dem Balken mit der Inschrift „Architekt Jäger 1930" daneben einen weiteren:

---

[163] Die Karriere von Schulze-Herringen lässt sich nur skizzenhaft nachzeichnen: Er kam ebenfalls aus dem BK und war vermutlich ebenfalls während des Studiums Mitglied der Deutschen christlichen Studentenvereinigung (=DCSV), aus der z.T. das Engagement für einen Freiwilligen.Arbeitsdienst bereits Ende der 1920-er Jahre bekannt ist. Durch den Schriftwechsel mit Pastor Stakemann in Mulsum ist sein Aufenthalt für den FAD an mehreren Orten dokumentiert: im Gut Lage in Kirchdorf, Kreis Sulingen, im Frühjahr Febr.-April 1932; April 1932: Bistensee (BK-Heim in den Hüttener Bergen; siehe Halver (1983) SB S. 445) Eckernförde; dann im Juni 1932 Gut Oldenburg in Kirchdorf, Kreis Sulingen; Nov. 1932 Führerschule für den FAD. „Bereits im August 1933 war der im Jahr zuvor von den BK gegründete Evangelische Arbeitsdienst aufgelöst worden..." (Booklet_Bibelkreise.pdf S. 16), wobei Schulze-Herringen jedoch in die Nachfolgeorganisation des NSAD hauptberuflich wechselte. Am 26.12.1933 schreibt er aus Hannover an Pastor W. Stakemann von dem Freund Rudolf Jäger als möglichen Fortsetzer für die Bauleitung. Schulze-Herringen war zu diesem Zeitpunkt Lageführer. Im Gästebuch der Hochzeit von Mechthild Stakemann und Rudolf Jäger am 10.8.1937 ist sein Eintrag dann mit „Oberstfeldmeister" unterzeichnet und auf einer anderen Seite notiert: „Oberstfeldmeister R.A.D und Freund des Bräutigams". In einem Zeitzeugenbericht von 1942 über einen Besuch der RAD-Leitung in Transsylvanien (Rumänien) wird er als ‚Oberarbeitsführer' benannt, was in der Skala der 16 Rangstufen einen Aufstieg von Stufe 7 zu Stufe 5 bedeutet. Ob er 1944 derjenige gewesen ist, der nochmals 2 Rangstufen höher als „Generalarbeitsführer Schulze, Chef d. Dienstamtes in der Reichsführung des RAD (25.02.1944)" mit dem Ritterkreuz („RK des Kriegsverdienstkreuz mit Schwertern [KVKmS]") ausgezeichnet wurde (so dokumentiert unter http://forum.panzer-archiv.de), ist bisher nicht sicherzustellen. Er hat – wie auch Hopp – in den besetzten Ostgebieten im Arbeitsgau II (Danzig und Ostpreußen) gewirkt, doch ist in der Nachkriegs-überlieferung keine weitere namentliche Erwähnung von Schulze-Herringen durch H&J erfolgt bzw. bisher dokumentiert. Dieser ist jedoch ebenfalls im Rahmen der Hannoverschen Landeskirche sowohl im Kirchenbau als auch als deren Synodaler tätig gewesen (siehe etwa Lutherische Generalsynode 1963; S. 128; 142; 165; 169; 251; 296).

[164] Zu ihm siehe Bild und Kurzbiografie unter www.bibelarchiv-vegelahn.de. Illian, Christian: Evangelischer Arbeitsdienst in der Weimarer Republik von 1927-1933. Masch. Magisterarbeit.

Bei dem parallel befestigten Balken sind die Merkmale der ehemaligen Verzahnung deutlich sichtbar. Es handelt sich wohl um ausgebaute Teile der Vorgänger-Treppenkonstruktion, die auf Grund der Art der Aufbewahrung (vermutlich im Inneren des Ochsenturms) als historische Dokumentation für die Erneuerungs-arbeiten gedacht zu sein scheinen.

Zu vermuten ist so, dass R. Jäger nach seiner Tätigkeit in Stuttgart Ende 1930 als Arbeitsloser bzw. im Rahmen seiner Aktivitäten mit dem DCSV und den Vorläufern des Freiwilligen Arbeitsdienstes (an denen sich auch die ‚Technischen Nothilfe' beteiligte[165], der Jäger ebenfalls angehörte) mit seinem architektonischen Wissen dabei geholfen hat, eine Treppen-Holzkonstruktion innerhalb des ‚Ochsenturmes' neu zu erstellen.

---

[165] Siehe dazu bei Dudek (1988) S. 194 und zahlreichen weiteren Stellen sowie auch bei Linhardt (2006) und unter http://www.andreas-linhardt.homepage.t-online.de/index.html (Unterseite: „Die Technische Nothilfe in der Weimarer Republik"): „Zu Beginn der 30er Jahre wirkte die TN schließlich sogar im Freiwilligen Arbeitsdienst (FAD) mit."

4.4.4   Pauluskirche (1939ff NW Hamm)

Die Pauluskirche in Hamm Westfalen (=> 4.3.49) war nicht erst durch die Erneuerung des Turmhelmes 1962 eines der Projekte, an denen von H&J in Westfalen gearbeitet wurde. Die Aufstellung im Schreiben vom 31.8.1942 weist mit dem Vermerk „1939-1941 Pauluskirche Hamm / Westf. Erneuerung 137.ooo.-" aus, dass hier von H&J sehr umfangreiche Renovierungsarbeiten an der damaligen Kirche erfolgt sind, deren älteren Turmhelm der folgende Postkartenausschnitt zeigt:

Vom September 1937 liegt eine erste H&J-Entwurfszeichnung sowie eine Fotomontage zum Vorschlag für einen neuen Turmhelm vor:[166]

HAA_Jäger_Lüden_N026.3 120_(0931)

Auch zahlreiche Tagebucheinträge, die Bernhard Hopp für diese Jahre zu Treffen mit Pastor Berthold sowie den zuständigen Denkmalpflegern und anderen Handwerkern gemacht hat, lassen den großen auch zeitlichen Aufwand erkennen, der sich hinter den Baukosten verbirgt.

Zur Notwendigkeit, u.a. eine neue Emporen- und Orgellösung für die Ende des 19. Jh. durch Restaurierung und die „sogenannte Wiederherstellung"[167] verlorenen Bestandteile zu schaffen, ist aus der Veröffentlichung „Alte Kirchen in Hamm" zu ersehen.

HAA_Jäger_Lüden_N026.3120_(0932)_Pauluskirche_Hamm

---

[166] Siehe dazu künftig auch die von Marcus Wesselmann geplante Publikation zu den H&J-Kirchbauten der Region Hamm / Westfalen – u.a. darin auch zur Künstlerin Hilde Viering.
[167] Jerrentrup / Peter / Feußner (1999) S. 78.

4.4.5 St. Petri-Kirche (1937ff HH-Altstadt)

Ähnlich wie bei der Pauluskirche in Hamm in Westfalen zeigen die Tagebucheintäge von Bernhard Hopp auch für die Hauptkirche St. Petri in Hamburg eine über Jahre während Planung und Beschäftigung mit Modernisierungsvorschlägen, die insbesondere mit dem Hauptpastor (und späteren Bischof) Theodor Knolle bearbeitet wurden. – In der oben[168] abgebildeten Aufstellung vom 31. August 1942 wird unter den noch nicht fertiggestellten Baumaßnahmen der Betrag von 72.000 RM für das Volumen der Planungen angesetzt:

> „1937-1941 St. Petri Hamburg, Altarraum, Turmhalle"

Eine Zeichnung vom 17.9.1939 bietet „Ansicht + Schnitt vom Altar mit Mikrofonanlage".[169]

Für die Turmhalle etwa war eine Arbeit der Glaskünstlerin Elisabeth Coester (-1900-1941), die auch das Altarraumfenster in der Johanneskirche in Hamm (siehe 4.3.17) entworfen hatte, bereits angefertigt worden. Das Kunstwerk konnte jedoch kriegsbedingt nicht mehr eingebaut werden, sondern verblieb bis 1946 bei der Fa. Heberle in Überlingen.[170] So hat es nach der Auslagerung erst beim Wiederaufbau der Kirche durch H&J[171] 1946/47 seinen zuvor geplanten Platz über dem Hauptportal in der Turmhalle gefunden:

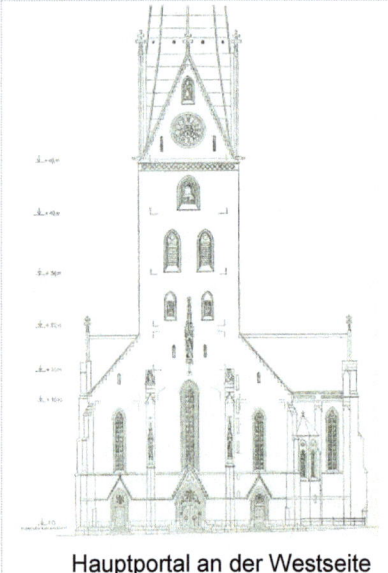

| Hauptportal an der Westseite | WP_20141020_006 |

---

[168] Siehe bei Anm. 149.

[169] Die Zeichnung (3261_600_BA_D_10) findet sich u.a. digital in der Bauabteilung HH-Ost. Dort auch diverse weitere Bauzeichnungen von 1945 bis 1973. Im LKAK existieren Materialien zur Turmhalle 1938 (32.14.02) sowie zum Wiederaufbau 1949 (32.14.02, Nr. 651-679).

[170] Von seinem Besuch bei der dorthin mit ihren ,Glasschätzen' ausgelagerten Firma schreibt Hopp in einem „Bericht über die Kunstwoche der Stadt Konstanz vom 1. bis 13. Juni 1946" (Bibliothek HAA_12003) S. 13.

[171] Bei Lange (2008) S. 27 wird für den Wiederaufbau die Zeit 1958/59 angegeben.

In der Bescheibung „Kriegsschäden und Wiederherstellung" wird von R. Klée Gobert beschrieben:

„1945/46 erste Wiederherstellungsarbeiten ...Die Fenster wurden provisorisch verglast; das 1940/41 von Elisabeth Coester geschaffene farbige Glasfenster, das während des Krieges in Überlingen lagerte, wurde in der Turmhalle eingebaut. Am 25. Mai 1947 Wiederweihe der Kirche, noch ohne Chor. 1949/50 Wiederherstellung des Chores mit Holzdecke, Architekten B. Hopp und R. Jäger. Neues farbiges Fenster nach Entwurf von Hermann Oetken. ... 1958/59 Wiederherstellung der Chorgewölbe. Vier neue farbige Fenster von Claus Wallner im Chor (Ausführung Gebr. Kuball, Hbg); Versetzung des Fensters von Oetken an die Südseite des Chores ..."[172]

Weitere Umgestaltungen in St. Petri werden meistens in der Folgezeit (und nach dem Tod von B. Hopp 1962) durch den Architekten F. Grundmann ausgeführt.

In der Zeit um 1970 waren jedoch nochmals Sicherungsarbeiten durch H&J auszuführen, aus deren Kontext das nebenstehende Foto stammt. (In dieser Zeit war Carl Malsch Hauptpastor an St. Petri).

HAA_ORh_056.67-773_(0936)

Von Interesse sind im Zusammenhang des Wiederaufbaus der Hamburger Hauptkirchen die verschiedenen Bemühungen von H&J (bzw. B. Hopp als kommissarischer Denkmalpfleger) um die Ruine des St. Nikolai-Turmes. – Diese gehen ähnlich wie bei St. Jacobi und St. Petri sowohl auf die H&J-Vorkriegs-aktivitäten als auch auf die Sicherungsmaßnahmen der Zeit der großen Bomben-angriffe 1943 zurück. Hopp hatte auch für St. Nikolai schon 1938 die Anfertigung eines großen Glasfensters durch die o.g. Künstlerin Elisabeth Coester gegenüber dem Oberbaurat Brunke befürwortet. Das Fenster hat jedoch dann erst 1962 in der neuen St. Nikolai-Kirche am Klosterstern (Architekten Gerhard und Dieter Langmaack) seinen Ort in der großen Eingangshalle gefunden.[173]

---

[172] Klée Gobert (1968) S. 57.
[173] Siehe dazu den Ausstellungskatalog der Kulturbehörde / Denkmalschutzamt "Baukunst von morgen" (2007) S. 41: „das bereits 1939/40 fertiggestellte Fenster von Elisabeth Coester" mit Abb. 4.

4.4.6 Treppenhalle Landeskirchenamt (1939 HH-Altstadt)

In der Auflistung vom 31.8.1942 wird für die Zeit „März – Okt. 1939 Treppenhalle Landeskirchenamt Erneuerung" als realisiertes Projekt angeführt.

Einw.:   Nov.-Dez. 1939

In dem von R. Jäger 1971 zum 70. Geburtstag der Hopp-Witwe, Edite Hopp, zusammengestellten Fotobuch (jetzt HAA_B_Hopp_A005) finden sich drei Negative im Kontext der Abbildungen zu St. Jacobi eingelegt, die beschriftet sind „Archiv Landeskirchenamt" sowie „Katharinenkirche".

Die Hamburger Kirchenzeitung berichtete im Dezember 1939 über die Renovierung:[174]

> Im Gebäude des Landeskirchenamts wurden die langwierigen Arbeiten zur Umgestaltung des abgenutzten Treppenhauses kürzlich abgeschlossen. Durch Verwendung einer in lichten grauen Tönen gehaltenen Holzvertäfelung und eines die beibehaltene Treppenstufe architektonisch betonenden Rundbogens wurde im Erdgeschoß eine einheitliche und würdige Raumwirkung erzielt; Fußboden, Decke und Treppe zum ersten Stock wurden im Zuge der Arbeiten erneuert, ebenso sämtliche Tür- und Heizkörperverkleidungen und die Beleuchtungskörper, die eine festliche Note erhielten. Die Architekten Hopp & Jäger führten die Umgestaltung aus. Für die große Hauptwand der Treppenhalle ist ein Wandbild geplant, für das Türoberfeld im Windfang zur Bugenhagenstraße eine Kreuzigungsgruppe von Albert Woebcke.

---

[174] HambKZ 1939 Jg. 15 S. 211.

Ob es sich beim Foto oben um das ehemalige Landeskirchenamt handelt, das vor dem Krieg unter der Adresse „Jacobikirchhof 24"[175] direkt neben der Verwaltung der Jacobikirche eingerichtet war, ist z.Z. nicht sicher. Von Interesse ist jedoch der spezielle Ausschnitt:

WIR HABEN HIER KEINE BLEIBENDE STADT-ABER DIE ZUKÜNFTIGE SUCHEN

Der biblische Text, der den Balken der Treppenhaus-Empore ziert, ist aus Hebr. 13,14, mit der vom Luthertext etwas abweichenden Formulierung übernommen:

„Wir haben hier keine bleibende Stadt, aber die zukünftige suchen wir."

Er ist in dieser Form auch von Hopp 1947 unter eine Zeichnung von der zerstörten Pauluskirche in Hamm/Westf. gesetzt worden.

Auch für die Familie Jäger ist er besonders wichtig gewesen. Allerdings dort jeweils mit der Formulierung des Luthertextes mit „sondern":

Er wurde sowohl auf dem Grabstein des 1938 verstorbenen Schwiegervaters, Pastor Werner Stakemann, aus Mulsum, 1938 verwendet. – (Die Form des Buchstabens „G" lässt vermuten, dass B. Hopp am Entwurf beteiligt war).

Auch ein großer Balken (173 x 21 cm) über der

WIR HABEN HIER KEINE BLEIBENDE STADT SONDERN DIE ZUKÜNFTIGE SUCHEN WIR

Eingangstür des Wohnhauses der Familie Jäger bietet diesen Spruch

ebenso wie er später für das Familiengrab verwendet wurde.[176]

Was der Grund für die vom Luthertext abweichende Formulierung von Hebr 13,14 im Gebäudefoto ganz oben ist, ist nicht erkennbar.

---

[175] Siehe Schade (2008) SB S. 209.
[176] Jäger (2016) Masch S. 5.

4.4.7 Grindelhochhäuser Bezirksamt (1956 Eimsbüttel)

Von der britischen Militärregierung ist usprünlich vorgesehenen worden, im ‚Hamburg Projekt' eine Hochhaussiedlung als ‚headquarter' durch eine Architektengemeinschaft erbauen zu lassen. Zusammen mit dem Architekten Ferdinand Streb wurde eines der 12 Grindelhochhäuser dann für das spätere Bezirksamt Hamburg-Eimsbüttel von H&J – und insbesondere von R. Jäger – mit entworfen und gebaut.

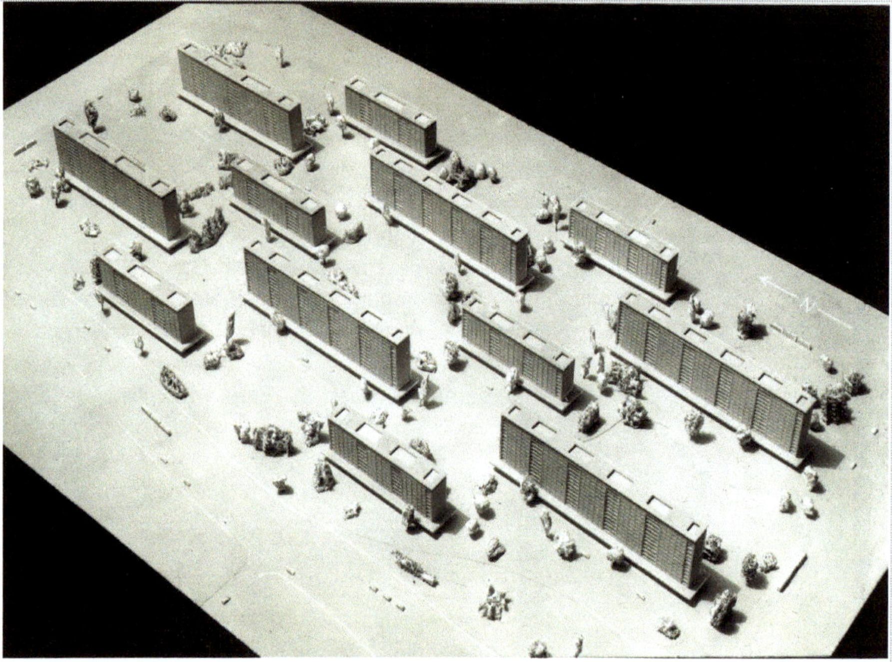

HAA_Streb_005

Das Modell des Bezirksamt-Gebäudes ist als Teil des Nachlasses Streb im HAA erhalten:

Modell des Bezirksamtes im HAA (WP_20160616_026)

Das Modell wurde von Norbert Baues in einem eigens konstruierten Gehäuse für die dauerhafte Aufbewahrung im Archiv geschützt bzw. für unsere Besichtigung am 16. Juni 2016 extra freigelegt:

```
MO 001        Grindelhochhäuser              1954
              Holzmodell Vorderfront Bezirksamt
              Eimsbüttel
              Es fehlen:
              die Stützenreihe im Untergeschoss +
              die beiden Vordächer über den
              Eingängen
              H =47
              B =140
              T =43


              Ferdinand Streb
```

Durch die Gemeinnützige Siedlungs-Aktiengesellschaft Hamburg (SAGA) als Bauherr wurden später diese Gebäude beworben, die von den Architekten Hermkes, Hopp & Jäger, Lodders, Sander, Streb, Trautwein und Zess realisiert wurden, wie der Prospekt ausweist:

WOHNHOCHHÄUSER AM GRINDELBERG IN HAMBURG

BAUHERR: GEMEINNÜTZIGE SIEDLUNGS-AKTIENGESELLSCHAFT HAMBURG (SAGA)
ARCHITEKTEN: HERMKES · HOPP & JÄGER · LODDERS · SANDER · STREB · TRAUTWEIN · ZESS

Hier wird zwar in der Liste der Architekten auf ‚Hopp & Jäger‘ hingewiesen, womit das Architekturbüro allgemein bezeichnet wird. Faktisch war es jedoch Rudolf Jäger der sich als Architekt mit Streb zusammen um die Fertigstellung ‚ihres‘ Bauwerkes kümmerten, da Bernhard Hopp sich nach anfänglicher Mitarbeit daraus zurückzog. Wie auf der Abbildung unten bei den noch unfertigen Stockwerken zu sehen ist, wurde eine Stahl-Skelett-Bauweise angewendet.

HAA Becker-Mosbach GN_1232

HAA Becker-Mosbach GN_0490

4.4.8 Krankenhaus (1957 NW Lengerich)

Einw.: 30.9.1957
Mitarbeiter: Johannes Gries: Kuhrts; Eplinius

HAA_ORh_030.57-977_(0585)

4.4.9 Laurentiuskapelle (1958 NI Falkenburg-Ganderkesee)

Für die Diakonie-Ausbildungsstätte des Lutherstiftes in Falkenburg-Ganderkesee wurden neben der Herrichtung der Laurentiuskapelle als Kirchgebäude auch weitere Renovierungen und Neubauten vorgenommen: Amtshaus, Tagungshaus, Mitarbeiterwohnungen, Direktorenwohnhaus.
Hauptstraße 30[177]

Einw.   1.6.1958 Laurentiuskapelle (mit Bischaf H. Lilje)
Pastor: Ortgies Stakemann (1917-1985)
Künstler:

HAA_ORh_056.67-567_(0920): Tagungshaus

---

[177] http://www.diakoniekonvent.de/diakoniekonvent/historie/ - Stand 10.3.2016.und Wikipedia

HAA_ORh_056.67-568_(0921)

HAA_ORh_056.67-567_(0918)

HAA_ORh_056.67-566_(0919)

HAA_ORh_056.67-572_(0926): Laurentiuskapelle

HAA_ORh_056.67-570_(0924): Direktorenhaus

HAA_ORh_056.67-571_(0925): Mitarbeiterwohnungen

4.4.10 Ökumenische Studentenwohnheime

In der Werkliste von 1979 begegnen für 1963 zwei Eintragungen, die sich auf christlich motivierte Bauwerke beziehen, die vom 1957 gegründeten „Verein für Ökumenische Studentenwohnheime e.V." als Träger errichtet wurden. Dieser Verein

> „entstand aus einer Initiative des damaligen Studentenpastors Carl Malsch zusammen mit engagierten Mitgliedern der evangelischen Hochschulgemeinde."[178]

Pastor Carl Malsch, der von 1946/7 bis 1954 in HH-Klein-Borstel als Gemeindepastor tätig war, hatte mit H&J bereits dort den Bau des Pastorats (1951) sowie die Planungen für das erste Gemeindehaus (1954f) durchgeführt.[179] Nach dem Wechsel in die Tätigkeit als Studentenpfarrer (1954-1960) ist dann der o.g. Verein gegründet worden, durch den allerdings z.T. erst nach dem Wechsel von Malsch als Propst nach Jerusalem (1960-1965) die genannten Gebäude ihre weitere Gestaltung gefunden haben. Auch für die Errichtung des Gebäudes für die Studentengemeinde und Kirchen-Bibliothek in der Grindelallee im Jahre 1969 wird die Stimme des ehemaligen Studentenpastors und von 1965-1981 Hauptpastor an St. Petri und Mitglied der Kirchenleitung eine nicht unwesentliche Rolle gespielt haben.

Zum 50-jährigen Jubiläum ist ein Artikel erschienen, der sowohl Malsch als auch einen anderen wichtigen Akteur nennt, der mit Hopp und Jäger seit der Zeit der Bekennenden Kirche bekannt war: Missionsdirektor Martin Pörksen, um den es auch unten im Zusammenhang der Missionsakademie (ebenfalls gegründet 1957) gehen soll. Er war früher in Breklum, seit 1956 in Hamburg:

> „In den fünfziger Jahren war es für ausländische Studenten, insbesondere Schwarzafrikaner, in Deutschland fast unmöglich, eine Bleibe zu finden – sie stießen bei der Zimmersuche oft noch auf unüberbrückbare Vorurteile. Das wollte der damalige Hamburger Studentenpastor Carl Malsch nicht hinnehmen. Gemeinsam mit dem Hanseatischen Missionsdirektor Dr. Martin Pörksen rief er einen Verein ins Leben zur „Errichtung und Unterhaltung ökumenischer Studentenwohnheime" mit dem Ziel, „das Zusammenleben deutscher und ausländischer Studenten in Hausgemeinschaften zu fördern und dadurch einen Beitrag zum Gedanken der Völkerverständigung und zu seiner Verwirklichung zu leisten".[180]

Zwischen H&J einerseits und den Familien Malsch und Pörksen andererseits existierten bereits aus der Vorkriegszeit persönlichen Beziehungen, die u.a. auch Elemente gemeinsamer Frömmigkeitstraditionen betrafen.[181]

---

[178] So unter http://www.studentenwohnheime-hamburg.de/deutsch/verein.htm in einer Kurzbeschreibung (die unten erwähnten Aushänge zur Geschichte nennen das Jahr 1958).

[179] Siehe dazu bei Gleßmer / Jäger (2016a).

[180] http://www.oekumenisches-forum-hafencity.de/customize/file/10.08_akkorde.pdf mit einem Auszug aus „Die Nordelbische" vom 10.8.2008 S. 14.

[181] Siehe zur Zusammenarbeit mit der Tante der Frau von Carl Malsch, der Goldschmiedin Eva Dittrich, bei Gleßmer / Lampe (2016) S. 123ff sowie die unten bei Anm. 198 zitierten Notizen von Emmerich Jäger. Auch Familie Hopp war mit Pörksen bekannt, wie u.a. aus dem Rat von Bernhard Hopp an seiner Tochter Gisela hervorgeht, der er bei Kriegsende und ihrem Aufenthalt in Schleswig-Holstein riet, ggf. in Breklum bei Pörksen Schutz zu suchen und sich auf H&J zu beziehen. In einem Brief vom 3.2.1945 bezieht sich B. Hopp auf einen erfolgten

In der Traueranzeige des Architekturbüros, die im Zusammenhang der Trauerfeier für Bernhard Hopp am 24.9.1962 in der Lukaskirche veröffentlicht wurde, wird auf die Möglichkeit zur „Stiftung für den Bau des ökumenischen Studentenwohnheimes in Alsterdorf" hingewiesen:[182]

> Im Sinne des Verstorbenen wird gebeten, statt etwa zugedachter Kranzspenden eine Stiftung für den Bau des ökumenischen Studentenwohnheimes in Alsterdorf zu geben an die Deutsche Bank, Hamburg 13, Mittelweg 150.

Auch mit dem Bruder, Heinrich Malsch, der nach seiner Übersiedelung aus Rostock 1953 als Statiker mehrfach bei Bauten von H&J herangezogen wurde, bestand in der Nachkriegszeit eine regelmäßig Arbeitsverbindung.

Die beiden o.g. genannten ökumenischen Studentenwohnheime, die auch wegen der jeweils bewusst integrierten Andachtsräume hier im Projektberichts Nr. 2 mit aufgenommen sind, waren in der Werkliste von 1979 jeweils mit dem Jahr 1963 aufgeführt:

„1963 Überseekolleg Hamburg-Alsterdorf …

1963 Studentenheim Othmarscher Kirchenweg, Hamburg-Othmarschen"[183]

Allerdings scheinen sie doch zu unterschiedlichen Zeitpunkten in Betrieb genommen worden zu sein. Die Webseite des Vereins gibt für das Überseekolleg 1964 und für den später als ‚Carl Malsch-Haus' in Othmarschen benannten Gebäudekomplex bereits 1958 an:

„1958 wurde dem Verein von der evangelischen Landeskirche eine alte Villa am Othmarscher Kirchenweg überlassen. Hier zogen 11 Studierende ein. Es folgten bald Erweiterungsbauten…"[184]

Die Webseite des Vereins bietet zudem Fotos für die heutige Sicht auf die beiden Einganssituationen der Studentenwohnheime:

Carl Malsch-Haus

Überseekolleg

Besuch der Tochter und bestellt Grüße an Familie Pörksen. (Hopp_G_Briefe_1944-45_aus_dem_letzten_Kriegsjahr_WP_20160424_125.pdf S. 94)

[182] Im Nachlass H. Steinfath (Ausschnitt aus WP_20170209_068).

[183] Gleßmer / Jäger (2016b) S. 111.

[184] So unter http://www.studentenwohnheime-hamburg.de/deutsch/verein.htm in der Kurzbeschreibung.

Dass der Verein zwei Häuser als Wohnheime einrichten konnte, wird in dem Artikel zum 50-jährigen Bestehen wie folgt erläutert:

> „Dass dann gleich zwei Wohnheime entstanden – das heutige „Carl-Malsch-Haus" am Othmarscher Kirchenweg in Altona und das „Überseekolleg" in Alsterdorf – ist dem Kuriosum zu verdanken, dass Hamburg damals noch zwei verschiedenen Landeskirchen angehörte, deren Grenze zwischen Altona und dem östlichen Stadtgebiet verlief: Nachdem die Schleswig-Holsteinische Kirche dem Verein am Othmarscher Kirchenweg zur Unterbringung der Studenten eine Villa zur Verfügung gestellt hatte, wollten die Hamburger dem nicht nachstehen und zogen mit der Schenkung eines Grundstücks in der Alsterdorferstraße in der Nähe des U- und S-Bahnhofs Ohlsdorf nach."[185]

Zur benannten christlich-ökumenisch orientierten Zweckbestimmung der Gebäude und zu den Andachtsräumen liegen z.Z. die folgenden Innenaufnahmen aus Besuchen durch die Autoren im Februar und März 2017 vor.[186] – Durch den Hinweis ‚Ökumenische Kapelle' wird am Haus (Alsterdorfer Straße 497) außen sowie ähnlich mit ‚Kapelle' im Treppenhaus auf den Andachtsraum im Tiefgeschoss des Überseekollegs hingewiesen. Der Innenraum ist vor allem durch die farbigen Glasfenster (von der Glasmalerin Illo von Rauch-Wittlich; *1935) als sakraler Mehrzweckraum gestaltet.

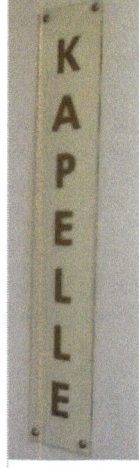

Von Interesse sind die dort im Raum befindlichen Aushänge zur Geschichte des Vereins und zur Baugeschichte des Überseekollegs, dessen Grundstein am 30.9.1963 von Bischof Witte gelegt wurde und das mit den jetzigen drei Gebäuden ebenso wie die dritte Ausbaustufe am Othmarscher Kirchenweg 103-105 wohl erst 1968 fertiggestellt wurde. Die in den Archivalien befindliche Schlussabrechnung zum Überseekolleg erwähnt neben der Glaskünstlerin Illo von Rauch-Wittlich auch einen Wandbehang von der Paramentenkünstlerin Eira Ahola (7500 DM) sowie

---

[185] Aus dem zitierten Artikel in „Die Nordelbische" vom 10.8.2008 S. 14.
[186] Zu Danken ist Frau Postel für die freundliche Unterstützung am 4.2.2017 sowie für den Zugang zum Archiv am 9.2. und am 21.2. 2017.

Lesepult, Kerzenständer, Altartisch und Altarleuchte, die vom Tischler Hans Drenckhahn (wohl nach Entwürfen von H+J) hergestellt wurden.

Als gründende Mitglieder werden in einem der Aushänge die folgenden aufgeführt:[187]

Gründende Mitglieder:

D. Martin Pörksen.

Missionsdirektor Pastor D. Dr. Martin Pörksen,
Deutscher Evangelischer Missions-Rat, Hamburg 13, Mittelweg 143

Carl Malsch

Studentenpfarrer Carl Malsch,
Studentenpfarramt, Hamburg 36, Esplanade 15

Kurt Schulz

Propst Kurt Schulz, Hamburg-Altona, Bei der Johanniskirche 16

Helmut Bannach

Helmut Bannach, Deutscher Evangelischer Missions-Rat,
Hamburg 13, Mittelweg 143

Dr. med. Marie-Renate Schröder

Dr. Marie-Renate Schröder, Hamburg 34, Horner Weg 243

Henry Zwanck

Dir. Henry Zwanck, Hamburg-Altona, Elbchaussee 185 b

Ernst Henschen

Pastor Ernst Henschen, Hamburg-Othmarschen,
Othmarscher Kirchenweg 210

Hans Hagel

Hans Hagel, Hamburg-Poppenbüttel, Goldröschenweg 17

Günther Steindorff

Günther Steindorff, Hamburg 39, Bebelallee 8

WP_20170209_006

Ein Spendenaufruf vom Studentenpastor Carl Malsch ist 1959 u.a. auch von zahlreichen prominenten Unterstützern wie dem damaligen Bürgermeister Max Brauer sowie dem Bischof Hans Otto Wölber mit unterzeichnet worden. Darin wird u.a. auch schon auf den Aufbau des Überseekollegs in der Alsterdorfer Straße vorausgeblickt, der (nach dem in Veranstaltungen realisierten „Überseekolleg im Aufbau") erst 1964 als Bauwerk Gestalt gewonnen hat.[188]

---

[187] Dr. Martin Pörksen, Studentenpastor Carl Malsch, Propst Kurt Schulz, Helmut Bannach, Dr. Marie-Renate Schröder (zu ihr siehe Gleßmer / Jäger (2016a) S. 99ff), Dir. Henry Zwanck (SAGA), Pastor Ernst Henschen, Hans Hagel, Günther Steindorff.
[188] Für die Rückfrage nach den Anfängen dieses Vereins mit seiner wichtigen ökumenischen Initiative in und für Hamburg bietet das Archiv noch beträchtliches weiteres Material.

4.4.11 Christophorushaus (1967 SH Rendsburg)

Die Werkliste von 1979 führt an: „1967/1968 Propsteizentrum Rendsburg". Bei dieser Bezeichnung scheint es sich um eine interne Benennung zu handeln, die charakterisieren soll, dass für mehrere Einrichtungen der damaligen Propstei ein zentrales Gebäude errichtet werden sollte.[189] Auf Grund der Fotos, die von O. Rheinländer von Innenräumen dieses Gebäudes angefertigt wurden, lässt sich erkennen, dass sie das (inzwischen) ehemalige „Christophorushaus" darstellen, das am 19. Mai 1967 von Bischof Friedrich Hübner eingeweiht wurde (in Rendsburg, Hindenburgstraße 26). Es wurde jedoch inzwischen verkauft, wie mehreren Zeitungsartikeln von 2014 zu entnehmen ist.

In der Schleswig-Holsteinischen Landeszeitung vom 8.3.2014 findet sich im Zusammenhang der Berichterstattung über den Verkauf eine Außenaufnahme des Gebäudes mit den Wegweisern zu den verschiedenen hier untergebrachten Einrichtungen.[190]

Auf dem Wegweiser werden das „Zentrum für Kirchliche Dienste des Ev.-Luth. Kirchenkreises Rendsburg-Eckernförde", das Mehrgenerationenhaus und das Archiv genannt.

Die in der Außenaufnahme markant zu sehenden Fenster des Treppenhauses sind auch auf der Innenaufnahme des Fotos HAA_ORh_009.68-617_(0298) gut zu erkennen.

Ähnlich ist bei dem Vergleich der beiden unten folgenden Fotos, die gemeinsam den großen Mehrzwecksaal zeigen und so dieses Haus erkennen lassen. Dieser Saal hat über lange Zeit den verschiedenen Synoden als Tagungsort gedient – u.a. erst der Schleswig-Holsteinischen Landeskirche, dann der erweiterten Nordelbischen Kirche sowie schließlich kurzzeitig der neu gegründeten Nordkirche.

---

[189] Die Bezeichnung auch in Propst Diederichsen (1981) Masch „Erinnerungen ..." S. 1.
[190]   http://www.shz.de/lokales/landeszeitung/das-ende-des-christophorushauses-id5937806.html (5.1.2017)

HAA_ORh_009.68-621_(0297)

Markant ist dieser Saal mit seiner Bühne, den Pfeilern und den unterteilten Fenstern.

Synodensitzung im September 2006 im großen Versamm-lungssaal, der inzwischen zwar durch neue Farbgebung umge-staltet wurde, jedoch durch seine bauliche Eigenart deutlich erkennbar ist.[191]

Bei dieser Gelegenheit 2006 wurde das Foyer für eine Ausstellung verwendet.

Das Foto HAA_ORh_009.68-619_(0296) zeigt das Foyer in seiner ursprünglichen Funktion als Garderobe.

---

[191] http://www.markttreff-sh.de/index.php?seid=186

4.4.12 Ev. Studentengemeinde (1969 HH-Eimsbüttel)

Studentenwohnungen, Kirchen-Bibliothek
Grindelallee 43[192]

Pastor: Carl Malsch (1954-1960)
Künstler: Studenten
Partner: Johannes Gries und Dr. Daniel Brunzema

HAA_ORh_061.69-545_(1042)

---

[192] **www.esg-hamburg.de.**

HAA_ORh_061.69-544_(1043)

HAA_ORh_61.69-546_(1046)

HAA_ORh_061.69-528_(1034)

HAA_ORh_061.69-529_(1039)

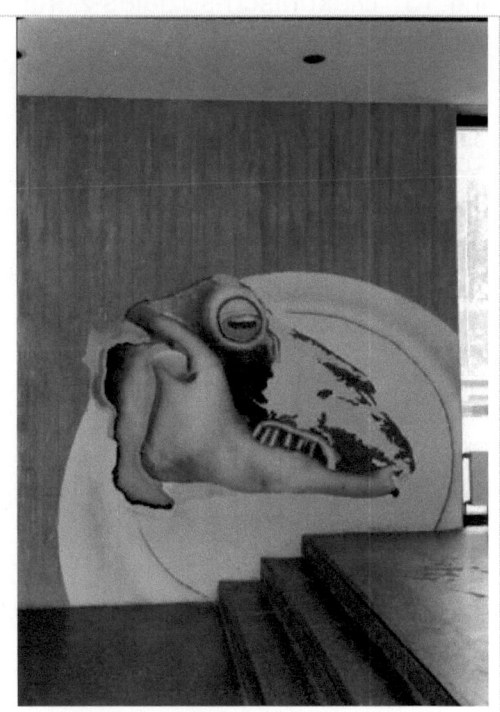

HAA_ORh_061.69-574_(1047)

HAA_ORh_061.69-573_(1048)

4.4.13 Diakonisch-soziales-Zentrum (1972 BA Coburg)

Wettbewerb

Pastor: Herbert Wohlhüter

Mitarbeiter: Dr. Brunzema, Peter Gädtgens, Jörn Jebsen (Bauleiter)

Die Auflistung der Bauten von 1979, die im „Projektbericht Nr. 1" S. 108ff abgedruckt ist, enthält auf S. 113 den Eintrag „1970 Zentrum für Körperbehinderte Coburg – Bayern". Dabei handelt es sich um ein Ensemble an einem Hang in der Leopoldstraße / Ecke Holgarten, das sowohl in der Bauphase als auch später die Bezeichnung ‚Diakonisch-soziales-Zentrum' getragen hat, bevor es 2015 verkauft wurde.

Diakonisch-soziales Zentrum in Coburg (im Bau). Tagesheim-Sonderschule mit Internat für 120 körper- und geistigbehinderte Kinder. Grundstückfläche 11 000 m² (S. 111)

Bereits 1970 wurde das Modell des Komplexes in einem Artikel der ‚Schweizer Bauzeitung' über „Die Schule für Körperbehinderte" von M. und G. Risch als eines der Beispiele für spezielle Bauten abgebildet.[193]

Diese Abbildung des Modells ist ähnlich derjenigen, die auch das Foto HAA_ORh_061.69-217_(1025) zeigt:

Das Modellfoto links stellt jedoch ein späteres Entwurfsstadium dar, wie an der Straße zum Eingang in der obersten Ebene sowie zur darunter befindlichen Garage sowie den anderen Ebenen erkennbar ist.

---

[193] Risch / Risch (1970) sbz.S. 956 in einer Besprechung der gleichnamigen Publikation von Dörr / Hischer (1970) S. 111.

HAA_ORh_061.69-213_(1029)

Ein modernes Foto des Areals mit der erwähnten Zufahrtstraße von Volkmar Franke ist im Internet zu sehen.[194] In einer antiquarisch erworbenen Fotomappe, die neun Fotos des fertiggestellten Komplexes enthält[195] und die Johannes Gries in einer ähnlichen Weise wie die oben bereits erwähnten H&J-Fotobände – allerdings ohne Leineneinband – zusammenstellen ließ.

DIAKONISCH-SOZIALES ZENTRUM COBURG

Der aufwändig gedruckte Glanzkarton-Einband mit dem Titel der Fotozusammenstellung entspricht sicherlich dem auch dem Bauträger überreichten Fotoband. Das

---

[194] http://www.infranken.de/regional/coburg/Das-DSZ-in-Coburg-ist-verkauft.

[195] Leider sind weder auf den Rückseiten noch im Text Informationen über den Urheber der Fotos enthalten. Anzunehmen ist, dass entweder J. Gries diese Fotos selbst in Coburg aufgenommen hat oder sie von einem lokalen Fotografen hat anfertigen lassen.

antiquarisch erworbene Exemplar ist von Johannes Gries seinem JGB-Mitarbeiter, dem Architekten Gädtgens, als Dank für seine Mitarbeit gewidmet worden:

„Lieber Herr Gädtgens,
zur Fertigstellung des DSZ, das
auch Ihr Werk ist mit diese
Fotos meinen herzlichen Dank
für Ihren Einsatz

Ihr Gries"

Mit dem antiquarischen Fotoband ist auch eine zweite Mappe erhalten, die sich ebenfalls auf das DSZ bezieht und einen farbig gedruckten Karton als Einband hat:

Die geplante „Spielplatz der Begegnung" ist als integratives Angebot „für die Begegnung von behinderten und gesunden Kindern wie auch mit Erwachsenen eingerichtet worden", wie im Konzeptentwurf von Gries (1.11.1972) formuliert wurde.

In dem Konzept werden 13 Teilelemente der Anlage textlich und zeichnerisch vorgestellt. Ob es allerdings bei dem Vorschlag für das DSZ geblieben ist, ist z.Z. nicht erkennbar.

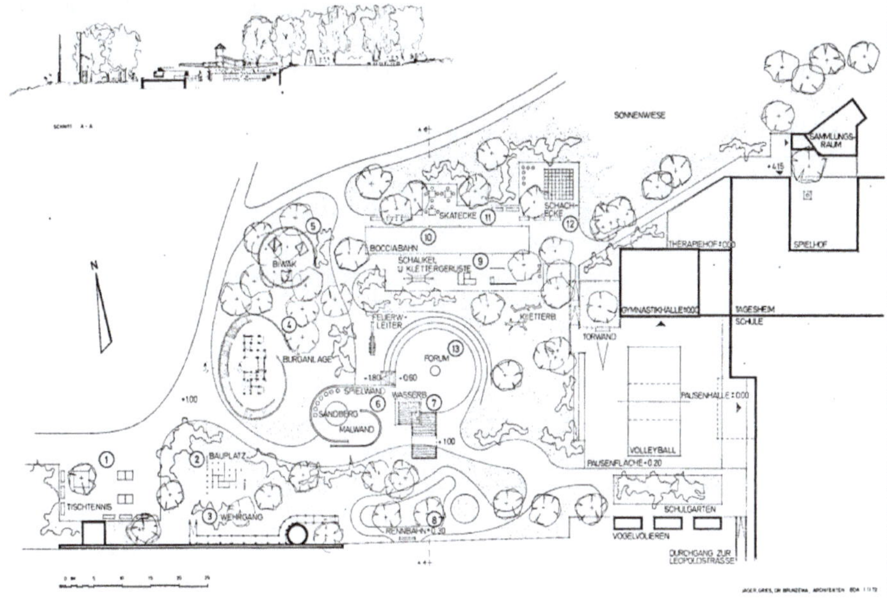

JÄGER, GRIES, DR BRUNZEMA, ARCHITEKTEN BDA 1 11 72	Vergrößerung der Zeichnungskennung: „Jäger, Gries, Dr. Brunzema BDA 1.11.72"

4.4.14 Missionsakademie u.a. (1958 HH Nienstedten)

In einem Nachtrag zur Werkliste seines Vaters hatte Emmerich Jäger bei der Abgabe des Nachlasses u.a. „1955 - Hamburg-Othmarschen, Missionshaus" notiert[196] und mündlich dieses 2016 mit „Missionsakademie" spezifiziert. Etwas unsicher war so, welches Bauwerk bzw. Bauwerke gemeint waren. An anderer Stelle hat er nach der Lektüre der Dokumentation „'Was vor Gott recht ist' – Kirchenkampf und theologische Grundlegung für den Neuanfang der Kirche in Schleswig-Holstein nach 1945. Dokumentation einer Tagung in Breklum 2015"[197] eine Zusammenstellung der dort erwähnten Personen vorgenommen, von denen er die ideologische Zusammengehörigkeit aus der Zeit der Bekennenden Kirche sowie weitere Kontakte und Zusammenarbeit nach 1945 aus Erzählungen in seinem Elternhaus bzw. Besuchen an deren neuen Wirkungsstätten kannte. Darin vermerkt er zu Missionsdirektor Martin Pörksen:

> „Eine intensive Zusammenarbeit hat sich in der Hamburger Zeit mit Martin Pörksen als Missionsdirektor ergeben, als H+J zwei Studenten-Wohnhäuser (und vielleicht auch einiges mehr) mit ihm gebaut haben. Ich erinnere aber auch Berichte über Familie Pörksen aus Breklum. Es kann sogar sein, dass wir von St. Peter aus einmal dorthin gefahren sind. In der Familie gab es gleichaltrige Jungen, an die ich mich erinnere."[198]

Damit klärt sich zwar noch nicht, um welche Gebäude es sich handelt, aber in einem Artikel von Martin Pörksen für den Hamburger Kirchenkalender von 1959 wird auf mehrere neue Bauwerke Bezug genommen:

> 1955 ein neues Gebäude am Mittelweg (143): „Das Haus des Deutschen Evangelischen Missionsrates am Mittelweg, wo ...der Hanseatische Missionsdirektor und andere Mitarbeiter tätig sind, hat sich die gesamte deutsche evangelische Mission 1955 dort erbaut".[199] – Ob er sich selbst mit dem Hanseatischen Missionsdirektor rückschauend meint oder eventuell auch seinen Vorgänger, Prof. Dr. Walter Freytag, ist dabei unsicher, denn nach anderen Angaben ist er erst 1956 in dieses Amt gekommen.

> 1958 das Gebäude der Missionsakademie in der Rupertistraße (67) wird mit Foto und Einweihungsdatum 16.7.1958 dargestellt (siehe unten).[200]

Außerdem wird auf mehrere geplante Vorhaben verwiesen:

> „Der Bau von Studentenwohnheimen für Afrikaner und Asiaten ist in Vorbereitung"[201]

Das könnte sich auf den von Pörksen mit begründeten „Verein für Ökumenische Studentenwohnheime" beziehen (s. oben 4.4.10), vielleicht auch auf das Haus, das ehemals der Breklumer Mission gehörte und wo sich im (heutigen) Agathe Lasch-Weg 16 in Othmarschen eine der Mission zuzuordnende Einrichtung befindet.

---

[196] Hopp+Jäger Nachlaß ergänz. Werkverzeichnis 25.6.13.doc S. 2.

[197] Kohlwage / Kamper / Pörksen (2015).

[198] Hopp+Jäger Dokumentation über den Kirchenkampf in SH Brief an Glessmer 17.2.16.doc S. 2.

[199] Pörksen (1959) HambKKal S. 58. Aus dem Inneren des Gebäudes findet sich S. 62 eine Fotografie, die „Prof. Freytag mit Studenten vor dem Mosaik ‚Die Sendung der Kirche in die Welt' im Hause des Deutschen Ev. Missionsrates in Hamburg (am Mittelweg)" zeigt.

[200] Pörksen (1959) HambKKal S. 59.

[201] Pörksen (1959) HambKKal S. 60.

Zuerst jedoch zur „Missionsakademie an der Universität Hamburg", deren Gebäude als ehemalige „Kaufmannsvilla der Firma Phrix AG ... für zehn Jahre mit der Option der Verlängerung, was bis heute Stand der Besitzverhältnisse ist"[202] von der Stadt Hamburg zur Verfügung gestellt wurde.

Für deren benachbarten Erweiterungsbau in der Rupertistraße 65 ist die Tätigkeit von H&J für 1964 inzwischen dokumentiert:

Foto Emmerich Jäger (IMGP7810 vom 3.2.2017)

---

[202] Aus einem Vortrag zum 50-jährigen Bestehen des EMW (wohl von Prof. Theodor Ahrens) „Herzliche Grüße und Glückwünsche von der Missionsakademie" freundlicherweise beim Besuch am 14.3.2017 von Prof. Werner Kahl zur Verfügung gestellt (so auch Volz (2008) SB).

Dort ist die im Tiefgeschoss befindliche Kapelle / Chapel deutlich als ausschließlich für sakrale Zwecke gedachter Raum eingerichtet.

ENTWURF GERHARD DREHER AUSF.W.DERIX, ROTTWEIL/N 19☨64	Die farbigen Glasfenster wurden von Gerhard Dreher entworfen und von W. Derix, Rottweil/N 1964 ausgeführt.

Der Altar mit von der Decke abgehängtem Kruzifixus sowie Parament geben dem Raum zusammen mit den vier dreigeteilten farbigen Glasfenstern sein Gepräge:

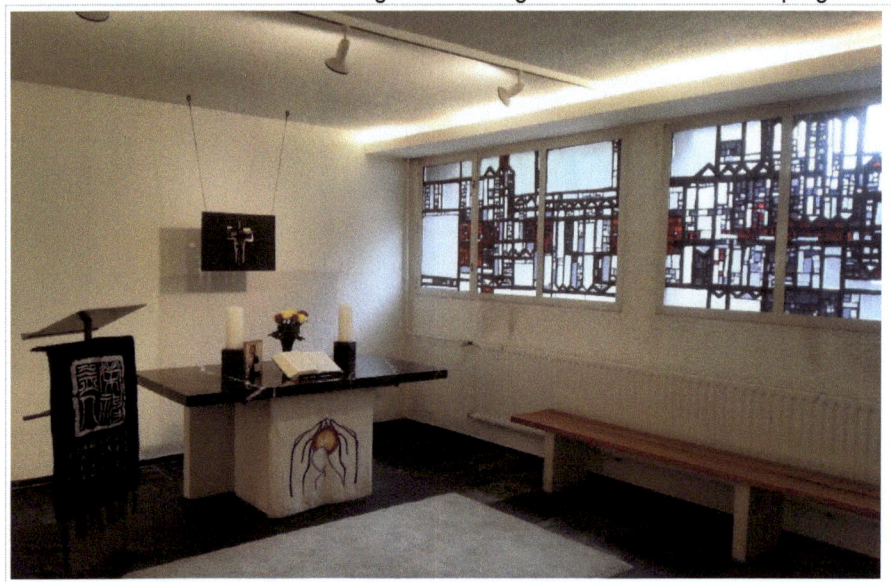

WP_20170314_005

WP_20170314_009

Während der Glaskünstler bekannt ist, warten die Fragen nach den anderen an der Gestaltung Beteiligten noch der weiteren Detailrecherche.

Interessant ist für die Rekonstruktion der Zusammenarbeit der Architekten H&J das Netzwerk von Personen mit gemeinsamer ‚kirchen-politischer Sozialisation' durch Bibelkreise, CVJM, DCSV und deren Altfreunde sowie Bekennender Kirche. – Auch die Überlassung des ehemaligen Phrix-Anwesens und der damals noch andauernde Prozess gegen den Generaldirektor mag zu diesem Kontext passen.[203]

---

[203] Vgl. dazu Büttner (2017) S. 143ff in ihrer Biografie zu Fritz Valentin.

Die oben bereits erwähnte und von Pörksen möglicherweise für weitere Baumaßnahmen angesprochene Missionseinrichtung ist diejenige im Agathe-Lasch-Weg 16, heutzutage das ‚Das Zentrum für Mission und Ökumene – Nordkirche weltweit' (ehemals Nordelbisches Missionszentrum = NMZ). Dieses Zentrum hat dort seinen Verwaltungssitz.

Links: Die Karten-Kopie aus Open-StreetMap zeigt den Komplex sowie die nähere Umgebung der Othmarschener Christuskirche.

Dort gehörte offenbar Gelände der Breklumer Mission. Die Mission unterhielt dort für in Deutschland verbliebene Kinder der Missionare ein Heim, von dem u.a. in der biografischen Kurzdarstellung zu Pastor Otto v. Stockhausen (1912-1992) im Zusammenhang seiner Eltern, dem Ingenieur Otto Stockhausen und Elisabeth (geb. Bahnsen), die Rede ist:

> „Die Eltern der Braut wohnten im sechs Kilometer entfernten Othmarschen. Dort leitete Pastor Rudolf Bahnsen seit 1906 ein Heim für Kinder, deren Eltern für einige norddeutsche Missionsgesellschaften in Übersee im Einsatz waren. Im früheren Kinderheim ist heute das Zentrum für Mission und Ökumene der Nordkirche untergebracht. Schwiegervater Bahnsen stammte aus Nordschleswig. Er war dort von der weltoffenen Frömmigkeit der ‚Indre Mission' geprägt worden und nach fünfzehn Jahren Gemeindearbeit ab 1894 zwölf Jahre Missionsinspektor in Breklum."[204]

Das Gebäude besteht noch und trägt an der Südseite die Beschriftung „Missionsheim" unterhalb der fünf Rundbogen-Fenster sowie darüber „Dein Reich + komme!"
Im Hintergrund links ist die Christuskirche zu erkennen.

Foto: Emmerich Jäger (IMGP7832) vom 3.2.2017.

---

[204] http://www.geschichte-bk-sh.de/index.php?id=351.

Die nahe Kirchengemeinde hat von dem ehemals Breklumer Areal für den Bau ihres Gemeindesaals einen Teil gepachtet bzw. erworben, wie es in der Festschrift der Gemeinde von 2000 heißt. Geplant war offenbar für das Gelände auch der Abriss des ehemaligen „Missionsheimes".

Es liegt ein Modell-Foto von H&J vor, das an dieser Stelle im Vordergrund einen dreiflügeligen Zentralbau zeigt sowie rechts daneben weitere Gebäude diesem zugeordnet sein lässt. (Im Hintergrund links ist die Christuskirche Othmarschen sowie rechts der bereits existierende Gemeindesaalbau - 1956 Architekt Jürgen Elingius - plastisch dargestellt).[205]

HAA_Jäger_Lüden_N040.3116_(0721)

Dass im Kontext des NMZ vom Büro H&J bzw. JGB auch tatsächlich Planungen realisiert wurden, ist bisher nicht dokumentarisch belegt. Aus der Erinnerung weiß E. Jäger aber, dass bestehende, alte Gebäude von H&J renoviert wurden.[206] Möglicherweise bezieht sich der eingangs zitierte Hinweis von Martin Pörksen, dass „Studentenwohnheime für Afrikaner und Asiaten" in Vorbereitung seien, also auf die aus dem Modell erkennbaren Planungen im Ersatz für das „Missionsheim", die jedoch nicht in dieser Weise realisiert wurden, sondern über den mit Carl Malsch gegründeten „Verein für Ökumenische Studentenwohnheime e.V." (siehe 4.4.10).[207]

---

[205] Siehe zu den Bauten der Gemeinde die Festschrift „Die Kirche im Dorf 100 Jahre Christuskirche Othmarschen" (2000) S. 110f.

[206] Zum Zusammenhang mit dem angesprochenen ‚Netzwerk' ist zu bemerken, dass Pastor Rudolf Bahnsen (1854-1936 - ehemaliger Missionsinspektor der Breklumer Mission) einerseits in Breklum Vorgänger von Martin Pörksen und andererseits Schwiegervater des Ingenieurs und Leiter des alten Elbtunnel-Baues Otto Stockhausen (1878-1914) war. Des letzteren privates Engagement für den CVJM (siehe Reißmann (2006) HambBiogr S. 372) wiederum ist für die christlichen Jugendlager ‚Schäferhof' und die Schülerbibelkreise prägend geworden (siehe dazu Gleßmer / Jäger / Hopp (2016) S. 34ff und 110). Zu Rudolf Bahnsen siehe auch Timm (2004) S. 126 mit dem Abdruck einer Datenbankrecherche des LKAK von 2004.(Stefan Linck).

[207] http://www.oekumenisches-forum-hafencity.de/customize/file/10.08_akkorde.pdf.

4.4.15 Weitere nachzutragende Kirchbauprojekte

Wie sich im Laufe der Arbeit am Projektbericht Nr. 2 herausgestellt hat, ergeben sich Hinweise auf einzelne Projekte z.T. zufällig als Ergebnis von Kontakten mit Wissensträgern oder durch Erwähnung in Archivalien. So sind z.b. in den Tagebüchern von Bernhard Hopp zahlreiche Orte, Kontaktpersonen und Gesprächstermine erwähnt, die bisher noch nicht vollständig ausgewertet worden sind. Auch durch eine umfangreiche Recherche, die freundlicherweise von Mitarbeitern und Mitarbeiterinnen des Archivs der Nordkirche durchgeführt wurde, zahlreiche Erwähnungen der Namen von Bernhard Hopp und/oder Rudolf Jäger zusammengestellt worden. Sie sind enthalten

> „in zwei umfangreichen Dateien (Landeskirchliche Bestände; Kirchenkreis / Kirchengemeindebestände)",[208]

und sind bisher nur zu geringen Teilen (wie den oben erwähnten Fotobänden zu St. Katharinen und St. Jacobi) gesichtet. Wie weit die Namenserwähnung jedoch auch auf konkrete Kirchbaumaßnahmen oder –planungen hinweisen, erfordert weiteres Studium zahlreicher Dokumente. Dadurch ergeben sich sicher einerseits zu bereits aufgeführten Bauten weitere Details. Um jedoch andererseits den Projektbericht Nr. 2 zum Abschluss zu bringen, sollen hier im Wissen um einige noch weiter zu eruierende Sachverhalte, diese nur überschriftsartig gelistet werden:

Alte Dankeskirche (1938 HH Hamm-Süd; gebaut 1895; zerst. 1943) Gemeindehaus
Wiederaufbau St. Georg (1944-1949 - mit G. Langmaack)
Kindergarten/Gemeindehaus Melanchton (1967 HH-Groß Flottbek / Ebertallee)

Wie der Stand der in Danzig/Westpreußen geplanten Bauten, die z.T. in dem oben abgebildeten Schreiben für Heinrich Steinfath vom 31.8.1942 sich in den folgenden Kriegsjahren genau entwickelt hat, wird hoffentlich z.T. durch den Nachlass H. Steinfath weiter zu erhellen sein.[209] Hier seien wiederum nur die Namen aufgelistet:

Konsistorium Danzig Umbau
Kreiskrankenhaus Dirschau
Löblau Umbau Pastorat
Superindententur (Konitz)

Ebenso sind die Bauten für die Hamburger Fa. Wempe weiter von Interesse, die z.T. mit dem schwierigen Kapitel der Kriegswirtschaft in Zusammenhang stehen und an deren Dokumentation verständlicherweise in der Vergangenheit wenig

---

[208] Zu danken ist neben Frau Julia Brüdegam und der unterstützenden Archivleitung besonders der Voluntärin Nicola Vollmer, die zwei umfangreiche Listen der entsprechenden Datenbankeinträge zusammengestellt hat (Mail vom 25.1.2017).

[209] Heiner Steinfath ist schon jetzt für seine unermüdliche Aktivität beim Digitalisieren der Materialien aus dem umfangreichen Nachlass seines Vaters, der mit seiner über 20-jährigen Tätigkeit vom 17.3.1937 bis 15.7.1959 die ersten wichtigen Stadien der Entwicklung des Architekturbüros mitgeprägt hat.

Interesse bestand. – In den weiteren biografischen Darstellungen zu den Architekten H&J wird den Frage ihrer beruflichen Situation während der Kriegszeit jedoch nachgegangen werden – soweit notwendig und möglich.

5 Personennamen in der Dokumentation

In den folgenden drei Abschnitten sind Personennamen zusammengestellt, die sich weitgehend in der bebilderten Dokumentation oben finden. Als dritter Abschnitt sind jedoch auch diejenigen Namen zusammengetragen, die meist nicht offiziell bei den Einzelprojekten genannt sind, die aber für den Erfolg des Büros einen ganz wesentlichen Beitrag geleistet haben – nämlich die Mitarbeiterinnen und Mitarbeiter im Büro. – Das besonders von H&J gepflegte Eingehen auf die jeweiligen ästhetischen, theologischen und anderen Gestaltungswünsche der kirchlichen Kunden hat entsprechend immer wieder zu zahlreichen Veränderungen der Bauzeichnungen und Bauplanungen geführt, die leider nur gelegentlich auf den Architektur-Pausen erhalten sind. Insbesondere die Fühzeit ab 1935 liegt in dieser Hinsicht teilweise noch im Dunklen.

5.1 Pastoren und kirchliche Mitarbeiter der Bauzeit

Die Pastoren der Bauzeit(/en) als Ansprechpartner für das Büro H&J bzw. JGB aufzulisten ist deshalb von Interesse, weil für die Rekonstruktion der damaligen Netzwerk-Strukturen über sie und ihre verwobenen Werdegänge sich Beziehungen zu einem Teil rekonstruieren lassen.

Zur Zeit lassen sich jedoch noch nicht alle Namen, Vornamen und Lebensdaten ermitteln, so dass vorläufig nur die folgenden Personen z.T. mit Fragezeichen aufgelistet werden können:[210]

Pastoren	Siehe	Bauwerk
Ahnert, Kurt Werner (1914-?)	4.3.31	Emmauskirche (1954 HH Wilhelmsburg)
Berthold, (Prof.) Martin (1903-1961)	4.3.17 4.4.4	Johannes-Kirche (1938 NW Hamm) Pauluskirche (1939ff NW Hamm)
Besch, Hans Willi (1903 - 1968)	4.3.15	St.Lukaskirche (1938 HH Fuhlsbüttel)
Boeck, Christian (1875 - 1964)	4.3.12	Lutherkirche (1937 HH Wellingsbüttel)
Brunke, ? [Oberbaurat LKA Hamburg]	div.	
Bünz, Eggert (1919-1991)	4.3.53	Kirche Groß Flottbek (1962 HH Gr.Flottbek)
Busse, Dr., Josef (?)[211]	4.3.30	Auferstehungskirche (1954 HH Lurup)
Diederichsen, Johannes (1911-2002)[212]	4.3.40 4.4.11	Christuskirche (1958 SH Flensburg-Mürwick) Christophorushaus (1967 SH Rendsburg)
Drechsler, Adolf (1889 - 1970)	4.3.48	St.Jacobi-Kirche (1962 HH Altstadt)
Ehlert, (?)	4.3.57	St.Markus (1958 NI Osnabrück)
Engelland, Hans (1903-1970)	4.3.48	St. Jacobi (1962 HH-Altstadt)
Felmy, Karl-Albrecht (1900 - 1966)	4.3.39	Matthäuskirche (1958 NW Münster)

---

[210] Quelle der Pastorinnen und Pastoren sind zumeist: für HH Schade (2009); für SH Hammer (1977); für NI LKA-Hannover (1977).

[211] http://www.geschichtswerkstatt.lurup.de/nachkriegsjahre.htm.

[212] http://www.geschichte-bk-sh.de/index.php?id=349.

Fischer, Werner (1907 - 1986)	4.3.34	Philippuskirche (1956 HH Horn)
Georgi, Dr., Curt (1913 - 1977)	4.3.45	Johanniskirche (1956 NI Stade)
Gerber, Walter (1902 - 1975)	4.3.1	Kirchsaal ‚Christus über den Wogen' (1932 HH Groß-Borstel)
Girkon, Dr., Paul (1905 - ?)	4.3.17	Johannes-Kirche (1938 NW Hamm)
Hammer, Friedrich (1908 - 1997)	4.3.21	Christianskirche (1950 HH Altona)
Harten, Heinz (1908 - 1987)	4.3.22	Pötrau (1950 SH Büchen)
Hartung, Paul Hermann Jacob (sen.) (1904-1990)	4.3.8	List (1935 SH List/Sylt)
Hennig, Dr. Johannes Martin Paul Siegismund (1902-1997)	4.3.1	Kirchsaal ‚Christus über den Wogen' (1932 HH Groß-Borstel)
Herntrich, Dr., Volkmar (1908 - 1958) [Bischof HH]	4.3.38	St.Katharinen-Kirche (1957 HH Altstadt)
Hoppe, Rudolf (?)	4.3.71	Niendorf (1957-1963 HH Niendorf)
Hübner, Friedrich (1911-1991) [Bischof SH 1964-1991]	4.4.10	Einweihung: Christophorushaus (1967 SH Rendsburg)
Jordahn (?)(?)	4.3.46	Marienkirche (1960 SH Flensburg)
Kleine, G. (?)	4.3.14	Balje (1938 NI Kirchenkreis Stade)
Knoblauch, Herbert (?)	4.3.54	Lutherkirche (1961 NI Fredenbek)
Knuth (Propst), Wilhelm (1905 - 1974)[213]	4.3.3 4.3.40	Friedhofskapelle (1934 SH Düneberg/Elbe) Christuskirche (Garnisonskirche) (1958 SH Flensburg Mürwik)
Kollhoff (?)	4.3.31	Emmauskirche (1954 HH Wilhelmsburg)
Lensch, Friedrich Karl (1898 - 1976)	4.3.18	St.Nicolaus (1938 HH Alsterdorf)
Lilje, Dr. (Bischof), Hanns (1899-1977)	4.3.31 4.3.45 4.3.65	Einweihungen: Emmauskirche (1954 HH Wilhelmsburg) Johanniskirche (1956 NI Stade) St.Michael-Kirche (1966 NI Rotenburg / a.d.Wümme)
Malsch, Carl (1916-2001)	4.3.16 4.4.10 4.4.12	Maria-Magdalenen-Kirche (1938 HH Klein Borstel) [1946-1954] Ökumenische Studentenwohnheime (1958ff Carl-Malsch-Haus u. Überseekolleg) sowie Ev. Studentengemeinde (1969 HH-Eimsbüttel)
Mauritz, Karl (1911-2001)	4.3.44	Auferstehungskirche (1960 HH Schmalenbeck)
Meder, Erich (1919 - 1998)	4.3.26	Christophorus-Kirche (1953 HH Hummelsbüttel)
Müller, Paul-Gerhard (1905-1986)	4.3.35	Stephanuskirche (1956 HH Eimsbüttel)
Pleß, Dr., Wilhelm (?)	4.3.6 4.3.7	Seemannskirche (1934 MV Prerow) Fischerkirche (1935 MV Darß/Born)
Pörksen, Dr., Martin (1903-2002)	4.4.10 4.4.14	Ökumenische Studentenwohnheime (1958ff Carl-Malsch-Haus u. Überseekolleg) Missionsakademie (1958 HH Nienstedten)
Prehn, Wolfgang (1904-1996)		
Rauterberg, Gerd Paul (?)	4.3.9	Mulsum (1934 NI Landkreis Stade)

[213] http://www.geschichte-bk-sh.de/index.php?id=382.

Reblin, Dr., Klaus (1923 - 1900)	4.3.38	St.Katharinen-Kirche (1957 HH Altstadt)
Rothacker, Ernst (1903 - 1986)	4.3.19	Friedenskirche (1939 HH (Rahlstedt/Farmsen-Berne)
Ruppelt, Adolf Konrad (1912 – 1988) [ab 1966 Propst]	4.3.50	Pauluskirche (1962 HH Eidelstedt)
Schiel, Hans-Dietrich (1915 - 2001)	4.3.43	St. Marien (1960 HH Ohlsdorf)
Schneck, Wilhelm Karl[214] (?)	4.3.28	Methodistenkirche Eben-Ezer-Kirche (1954 HH Eimsbüttel)
Seeler, Siegfried (1894 - 1973)	4.3.12 4.3.20	Lutherkirche (1937 HH Wellingsbüttel) Osterkirche (1946 HH Bramfeld)
Seifert, Dr. Dr., Paul (1911-2004)	4.3.48	St.Jacobi-Kirche (1962 HH Altstadt) [1964-1975]
Sierig, Dr., Hartmut (1927 - 1968)	4.3.38	St.Katharinen-Kirche (1957 HH Altstadt) [1958-1968]
Sommer, Jürgen (?)	4.3.19	Friedenskirche (1939 HH Rahlstedt/Farmsen-Berne)
Stakemann, Ortgies (1917-1985)	4.4.7	Falkenburg-Ganderkesee, Lutherstift, Diakonenausbildungsstätte
Stakemann, Werner (1886 - 1938)	4.3.9	Mulsum (1934 NI Landkreis Stade)
Sundermann, Georg (1925-?)	4.3.65	St.Michael-Kirche (1966 NI Rotenburg / a.d.Wümme)
Timm, Rudolf (1911 - 1942)	4.3.16	Maria-Magdalenen-Kirche (1938 HH Klein Borstel)
Tügel (Bischof), Franz (1888 - 1946)	4.3.4 4.4.6	St. Jacobi (1935 HH Altstadt)
Uhlhorn, Hans-Albrecht (1925 - ?)	4.3.42	Bargstedt St. Primus (Turm) (1958 NI Bargstedt)
Vogt, Reinhard (?) [Oberbaurat im LKA Hamburg]	4.3.38 4.3.48	St.Katharinen-Kirche (1957 HH Altstadt) St.Jacobi-Kirche (1962 HH Altstadt)
Vollstedt (?)	4.3.58	St.Johannis (1964 SH Adelby/Flensburg)
Wachs, Dr., Hans Joachim (1920 - 2006)	4.3.64	Thomas-Kirche (1966 HH Bramfeld/Hellbrook)
Witt, Heinrich ([1924-1962 in Schnelsen])	4.3.36	Adventskirche (1956 HH Schnelsen)
Wohlhüter, Herbert	4.4.13	Diakonisch-soziales-Zentrum (1972 BA Coburg)
Zacharias-Langhans, Heinrich (1898 - 1969)	4.3.15	St.Lukaskirche (1938 HH Fuhlsbüttel)

---

[214] Voigt (1995) BBKL.

5.2 Künstler

Zu zahlreichen Künstlern, die mit H&J bzw. JGB zusammengearbeitet haben, finden sich genauere Detailangaben vor allem zu denjenigen, die in oder um Hamburg gewirkt haben, in dem Nachschlagewerk „Der Neue Rump". Dieses von Maike Bruhns neu erarbeitete Kunst-Lexikon ist 2013 in einer zweiten Auflage erschienen.[215] Die daraus übernommenen Angaben sind im Folgenden durch Elemente ergänzt, die teils bereits im H&J-Projekt erarbeitet wurden oder sich aus der Literatur zu einzelnen Bauwerken ergeben haben. Die Informationen sind weit entfernt davon, vollständig zu sein, bieten jedoch für weitere Beschäftigung mit dem Beziehungsgeflecht der Architekten wichtige Anhaltspunkte.

5.2.1 Eira Ahola

Die besonders durch textile Arbeiten hervorgetretene finnische Künstlerin Eira Ahola (1910-1982)[216] hat mit Paramenten zur Gestaltung von H&J-Kirchen beigetragen.

P	4.3.43 St. Marien (1960 HH Ohlsdorf)
P	4.3.64 Thomas-Kirche (1966 HH-Bramfeld/Hellbrook)

5.2.2 Siegfried J. Assmann

Der 1925 geborene Bildhauer und Gestalter von Glasfenstern wurde für künstlerische Arbeiten der früen Nachkriegs-Jahre herangezogen:

F	4.3.30 Auferstehungskirche (1954 HH-Lurup)
F	4.3.44 Auferstehungskirche (1960 HH-Schmalenbek)

5.2.3 Ernst Barlach

Neben zahlreichen anderen Plastiken hat Ernst Barlach (1870-1938) auch für mehrere Kirchen Ausstattungsgegenstände entworfen. Für die Johanneskirche in Hamm-Norden war von ihm gewünscht (obwohl er bereits mit einem Austellungsverbot belegt war und aus anderen Kirchen Plastiken von ihm als „entartet" entfernt worden waren), dass er den Taufstein gestalten sollte. B. Hopp bemühte sich auch bei einem persönlichen Besuch im Mai 1938, den Künstler doch noch zu einer Arbeit zu bewegen.[217]

T- Entwurf	4.3.17 Johannes-Kirche (1938 NW Hamm)

5.2.4 Vera-Marie von Claer

R	4.3.40 Christuskirche (Garnisonskirche) (1958 SH Flensburg Mürwik)

---

[215] Siehe jeweils in den Fußnoten den Hinweis auf Bruhns (2013²).
[216] Deutsche Nationalbibliothek: http://d-nb.info/gnd/124680356.
[217] Vgl. zu den Details bei Gleßmer / Jäger / Hopp (2016) S. 180a519 sowie Wille (1988).

5.2.5 Br. Clausnitzer

Br. Clausnitzer wird in der Internetdarstellung zum Adventhaus als Künstler genannt, der die Schriftsäule in der Halle gestaltet hat.[218]

W R	4.3.25 Sieben-Tags-Adventisten = Advent-Haus (1951 HH Eimsbüttel)

5.2.6 Elisabeth Coester

Der Name der hauptsächlich als Glasmalerin bekannten Elisabeth Coester (1900-1941) begegnet im Nachlass von B. Hopp zuerst 1930 im Zusammenhang seiner Tätigkeit für die „Werkstätte für kirchliche Kunst im Rauhen Hause".[219] Sie hat in mehreren Zusammenhängen mit dem ‚Kunstpastor' Dr. Paul Girkon an Kirchengestaltungen mitgewirkt, wie zuerst 1922 an ‚dessen' Soester Wiesenkirche sowie u.a. der Kirche 1928 auf der Internationalen Pressa-Ausstellung.[220] An den Archivalien der Zeit von 1936-1938, die zur Vorbereitung des Altarraumfensters der Johanneskirche in Hamm-Norden gehören, lässt sich interessant das Zeitverständnis des ‚führenden' Architekten zur ausführenden Künstlerin ablesen. Sie hatte sich überwiegend den Anforderungen und Vorstellungen der Architekten unterzuordnen.

F	4.3.17 Johannes-Kirche (1938 NW Hamm)

5.2.7 Charles Crodel

Charles Crodel (1894-1967)[221], dessen Name gelegentlich auch als ‚Crodell' notiert wurde (wohl, um die französische Aussprache seines Geburtsortes Marseille anzudeuten).[222]

F	4.3.42 Bargstedt St. Primus (1958 NI Bargstedt)
F	4.3.43 St. Marien (1960 HH Ohlsdorf)
F	4.3.48 St.Jacobi-Kirche (1962 HH Altstadt)

5.2.8 Eva Dittrich (verh. Leo)

Als Frl. Eva Dittrich (1901-1998) kannte B. Hopp die Metallbildhauermeisterin mindestens ab 1937. Die Künstlerin hat insbesondere Kirchengeräte und

---

[218] http://www.adventgemeinde-grindelberg.de/unser-leitbild/ueber-uns/historie/.

[219] Siehe dazu das Briefexzerpt vom Juli 1930 bei Gleßmer / Jäger / Hopp (2016) S. 75 bei Anm. 175.

[220] Zu weiteren Details ihres Werkes siehe bei Gleßmer / Jäger / Hopp (2016) S. 179a515 (u.a. auch die erst posthum in Hamburger Hauptkirchen eingesetzten Fenster im Turm von St. Petri sowie in der Turmhalle der neuen St. Nikolai-Kirche. Beide waren vor dem Zweiten Weltkrieg bereits in Auftrag gegeben und u.a. auch Hopp als ‚kommissarischen Denkmalpfleger' der Nachkriegszeit bekannt. Er hatte 1946 die Werkstätte in Konstanz besucht, in die die Fenster ausgelagert waren). Literatur zum Gesamtwerk bei Dietrich (2013) DWL S. 79 mit S. 83[8]21.

[221] Bruhns (2013[2]) S. 82f.

[222] Die Schreibung ‚Crodell' findet sich etwa in der Festschrift der Kirche Adelby bei Flensburg siehe KG_Adelby (1984).

metallenen Kirchenschmuck gefertigt. Sie emigrierte 1939 aus Deutschland, um den ‚nicht-arischen' Pastor Dr. Paul Leo (1893-1958) heiraten zu können.[223]

| G | 4.3.17 Johannes-Kirche (1938 NW Hamm) |
| R | 4.3.18 St.Nicolaus (1938 HH Alsterdorf) |

5.2.9 Gerhard Dreher

Der Glas- und Objektkünstler (1924-2008)[224] hat er zunächst für kirchliche Gebäude Fenster gestaltet. Im Andachtsraum des Wohnneubaus der Missionsakademie hat er 1964 Gebäude- und Tor-Motive gestaltet, die wohl das "Himmlische Jerusalem" symbolisieren.

| F | 4.4.14 Missionsakademie / Neubau Rupertistraße 65 |

5.2.10 Carl Fey-Talmühlen

Restaurator aus Ahrensbök/Talmühle[225]

W	4.3.53 Kirche Groß Flottbek (1962 HH Gr.Flottbek)
W	4.3.58 St.Johannis (1964 SH Adelby/Flensburg)
W	4.3.62 Moorfleet (1965 HH Moorfleet)
W	4.3.67 St.Petri (1967 NI Buxtehude)

5.2.11 Fritz Fleer

Der Bildhauer und Bronzegießer Fritz Fleer (1921-1997)[226] ist in zahlreichen H&J-Nachkriegskirchbauten bzw. bei Umgestaltungen oder Renovierungen meist mit Bronzearbeiten beteiligt worden.

A	4.3.26 Christophorus-Kirche (1953 HH Hummelsbüttel)
A K T	4.3.31 Emmauskirche (1954 HH Wilhelmsburg)
Tür	4.3.38 St.Katharinen-Kirche (1957 HH Altstadt)
A	4.3.48 St.Jacobi-Kirche (1962 HH Altstadt)
T (1964)	4.3.16 Maria-Magdalenen-Kirche (1938 HH Klein Borstel)

5.2.12 Paul von der Forst

Der Künstler wird im Blick auf ein 1963 gestaltetes Mosaik an der Altarwand (jedoch ohne weitere Details) erwähnt.[227]

| W | 4.3.39 Matthäuskirche (1958 NW Münster) |

---

[223] Vgl. zu ihrer Biografie bei Gleßmer / Lampe (2016²) S. 123ff den Abschnitt 8.3 „Zusammenarbeit mit der Künstlerin Eva Dittrich" in Bezug auf die (ehemalige) Retabel in St. Nikolaus sowie auch bei Gleßmer / Jäger / Hopp (2016) S. 185 in Bezug auf das Abendmahlsgeschirr für die Johanneskirche in Hamm-Norden.
[224] Wikipedia-Artikel https://de.wikipedia.org/wiki/Gerhard_Dreher.
[225] Siehe Grimm / Brather (2006) S. 168.
[226] Details siehe bei Bruhns (2013²) S. 125.
[227] Pankoke (1998) S. 1.

5.2.13 Barbara Haeger

(1919-2004)[228] Bildhauerin.

	4.3.29 Christus-Kirche (1954 HH Wandsbek)

5.2.14 Jahn

St. Lukas, Fuhlsbüttel[229]

R	4.3.15 St.Lukaskirche (1938 HH Fuhlsbüttel) 50

5.2.15 Hermann Junker

Hermann Junker (1903-1985) wurde ähnlich wie B. Hopp vom Lehrberuf zuerst als Maler ausgebildet (bei Fa. O. Schmarje in der Badestraße) und absolvierte nachher ein Kunststudium. Sein späteres Atelier und Malschule am Neuen Wall (von 1929-1939) waren nur wenig vom Architekturbüro entfernt. B. Hopp und Familie kannte er aus gemeinsamer Arbeit bereits seit 1923. Er war sowohl mit den Familien Hopp als auch Jäger befreundet und hat deren Familienmitglieder in Öl portraitiert.[230]

W	4.3.16 Maria-Magdalenen-Kirche (1938 HH Klein Borstel)
Kruzifix	4.3.54 Kirche (1961 NI Fredenbek)

5.2.16 Hans Kock

(1920-2007)[231]

T	4.3.38 St.Katharinen-Kirche (1957 HH Altstadt)

5.2.17 Elmar Lindner

Stuttgart

	4.3.63 St.Michael-Kirche (1966 NI Rotenburg / a.d.Wümme)

5.2.18 Klaus-Jürgen Luckey

(1934-2001)[232]

B K	4.3.42 Bargstedt St. Primus (1958 NI Bargstedt)
A K L T	4.3.64 Thomas-Kirche (1966 HH Bramfeld/Hellbrook)
A R T (1964)	4.3.19 Friedenskirche (1939 HH (Rahlstedt/Farmsen-Berne)

---

[228] Bruhns (2013[2]) S. 167f. – In einer Notiz, die sich im Nachlass von Bernhard Hopp zur Kirche St. Catharinen, Hamburg, findet (Hopp_B_Catharinen_allgemeines_WP_20151031_008.pdf S. 22), wird angegeben, dass „Barbara Haeger, Atelier Hölderlinstr. 26 Ottmarschen (!) verwaltet Nachlaß, ist Schülerin [von Edwin Scharff] betreut die Kinder / Sohn Peter Scharff."

[229] Gleßmer / Jäger (2016a) S. 86f.

[230] Siehe ausführlich dazu bei Gleßmer / Jäger (2016a) S. 88ff den Abschnitt 2.3.2.5 „Bilder und Dokumentationen zu H. Junker" sowie insbesondere Vossen (1991) und Bruhns (2013[2]) S. 222.

[231] Bruhns (2013[2]) S. 240f.

[232] Bruhns (2013[2]) S. 277.

5.2.19 Jürgen Manshardt

Der leider im Zweiten Weltkrieg viel zu früh ums Leben gekommene Holzbildhauer Jürgen Manshardt (1913-1942) war wohl bereits 1932 an einer von B. Hopp in der Agentur des Rauhen Hauses organisierten Ausstellung beteiligt sowie an der Gestaltung der Lutherkirche.[233]

| K T | 4.3.12 Lutherkirche (1937 HH Wellingsbüttel) |

5.2.20 Gerhard Marcks

Gerhard Marcks (1889-1981)[234] war als Bildhauer und Grafiker sowie als Hochschullehrer tätig. In der NS-Zeit war er ‚verfemt'. 1944 zeitweiliger Wohnsitz Ahrenshoop (Darß):

| L 1950 | 4.3.12 Lutherkirche (1937 HH Wellingsbüttel) |
| T | 4.3.55 Altstädter Nikolaikirche (1962 NW Bielefeld) |

5.2.21 Hans Mettel

Hans Mettel (1903-1966) war als Holzbildhauer an der Gestaltung der Fischerkirche (1935) beteiligt.[235] Die DBZ erwähnt für diesen Bau, dass für seine Arbeiten Zuschüsse vom Kultusministerium bereitgestellt würden.[236] Ab 1936 werden allerdings seine Kunstwerke als „entartet" bezeichnet, und er wird mit einem Ausstellungsverbot belegt. Die Tagebuch-Notizen von Hopp (ab 1936) sowie seine Nachkriegskorrespondenz bezeugen jedoch den andauernden Kontakt. Edite Hopp erwähnt in ihrer „Fortsetzung der Erinnerungen..." ihres Mannes den Sachverhalt um die Fischerkirche aus der Rückschau: „Berlin stiftete dafür Plastiken von Professor Mettel, heute Frankfurt".[237]

| H | 4.3.7 Fischerkirche (1935 MV Darß/Born) |

5.2.22 Elsa Mögelin

bzw. Else Mögelin (1887-1982) wird nach Bruhns[238] als „phantasievollste Künstlerin der dt. Handweberei" bezeichnet. Sie habe eine Arbeit „Christus im Sturm" angefertigt für

| W 1948 | 4.3.31 Emmauskirche (1954 HH Wilhelmsburg) |

5.2.23 Isgard Moje-Wohlgemuth

Die Glaskünstlerin (* 1941) hat u.a. die Glasbeton-Regenbogenfenster in der Taufkapelle in Wandsbek geschaffen.[239]

---

[233] Vgl. zu ihm sowohl bei Bruhns (2013²) S. 288 als auch bei Gleßmer / Engler (2016) S. 111ff den Abschnitt 4.11 „Schnitzwerk der Kanzel und Taufe: Jürgen Manshardt".
[234] Bruhns (2013²) S. 288.
[235] Siehe dazu Gleßmer / Engler (2016) S. 54a137 und S. 137a349.
[236] DBZ (1935) S. 592.
[237] S. 9f.
[238] Bruhns (2013²) S. 303.
[239] Auskunft von Pastor Hölck vom 1.4.2015. Mehre Ausstellungskataloge sind von der Künstlerin veröffentlicht worden.

| F | 4.3.29 Christus-Kirche (1954 HH Wandsbek) |

5.2.24 Otto Münch

(1885-1965) Bildhauer in Zürich

| F | 4.3.38 St.Katharinen-Kirche (1957 HH Altstadt) |

5.2.25 Maria Pirwitz

(1926-1984)[240] Vater Pirwitz BK

| L T (1956) | 4.3.18 St.Nicolaus (1938 HH Alsterdorf) |
| L T | 4.3.26 Christophorus-Kirche (1953 HH Hummelsbüttel) |

5.2.26 Ursula Querner(-Wallner)

Die Künstlerin Ursula Querner (1921-1969) war seit 1953 mit dem Maler Claus Wallner verheiratet.[241] Zum Teil wird sie auch als Querner-Wallner benannt.

| ? | 4.3.34 Philippuskirche (1956 HH Horn) |
| K T | 4.3.40 Christuskirche (Garnisonskirche) (1958 SH Flensburg Mürwik) |

5.2.27 Illo von Rauch-Wittlich

Die Glasmalerin (* 1935)[242] hat u.a. zahlreiche Glasfenster in kirchlichen Gebäuden in Schleswig-Holstein und Hamburg gestaltet.

| F | 4.4.10 Ökumenische Studentenwohnheime / Überseekolleg |

5.2.28 Sigrid Schlytter

Von Frl. Sigrid Schlytter ist bisher nur das Geburtsdatum 1897 bekannt;[243] sie muss bis mindestens 1955 gelebt haben, als sie von G. Langmaack in einem letzten (bisher zugänglichen) gedruckten Text erwähnt wird: „Sigrid Schlytter, Hamburg, jetzt in Müsing, Starnberger See".[244] Sie wirkte als Glasmalerin sowohl an Kirchengestaltungen des Architekten G. Langmaack (zusammen mit dem Maler Franz Porsche; 1898-1970) als auch von H&J in Wellingsbüttel mit.[245]

| F | 4.3.12 Lutherkirche (1937 HH Wellingsbüttel) |

5.2.29 Max Schulze-Sölde

(1887-1967)[246]

---

[240] Bruhns (2013[2]) S. 350.

[241] Bruhns (2013[2]) S. 359.

[242] Bruhns (2013[2]) S. 362 (dort wird der Vorname wohl als männlich identifiziert), anders der jüngere Artikel in Wikipedia (mit weiterer Literatur).

[243] Bei Bruhns (2013[2]) S. 399 ist für die Lebensdaten nur allgemein „20. Jh." sowie „Malerin" vermerkt.

[244] Langmaack (1955) S. 126.

[245] Siehe dazu Gleßmer / Engler (2016) S. 104ff den Abschnitt 4.10 „Glasfenster im Altarraum: Sigrid Schlytter".

[246] Real (2005) Diss.

5.2.30 Hans Gottfried von Stockhausen

(1920-2010) in Stuttgart[247]: „Glasmaler, Maler und Zeichner. Bekannt wurde er vor allem durch seine über 500 Kirchenfenster und architekturgebundenen Arbeiten im In- und Ausland."[248]

F A 1968	4.3.21 Christianskirche (1950 HH Altona)
A	4.3.29 Christus-Kirche (1954 HH Wandsbek)
F	4.3.38 St.Katharinen-Kirche (1957 HH Altstadt)
F	4.3.45 Johanniskirche (1960 NI Stade)
F	4.3.46 Marienkirche (1960 SH Flensburg)

5.2.31 Friedrich Stuhlmüller

Er „betrieb eine Werkstätte für Kirchenkunst in der Dorotheenstr. 140 in Hamburg".[249] Von seinen Silberarbeiten finden sich welche in

G	4.3.56 Christuskirche (1962 HH Eidelstedt)

5.2.32 W. u. H. Traxel

Silber

G	4.3.26 Christophorus-Kirche (1953 HH Hummelsbüttel)

5.2.33 Barbara Übel

?

P 1985	4.3.54 Kirche (1961 NI Fredenbek)

5.2.34 Oscar Ulmer

In Lexika wird der Name als Oskar Erwin Ulmer (1888-1963)[250] angegeben; die Namensschreibung mit ‚C' auf dem Grabstein scheint aber die genauere Wiedergabe zu sein.

A R	4.3.15 St.Lukaskirche (1938 HH Fuhlsbüttel)
A	4.3.16 Maria-Magdalenen-Kirche (1938 HH Klein Borstel)
S	4.3.48 St.Jacobi-Kirche (1962 HH Altstadt)
S	4.3.51 Osterkirche im Jacobi-Park (1962 HH Eilbek)

5.2.35 Claus Wallner

Der Maler Claus Wallner (1926-1979) war in erster Ehe mit der Bildhauerin Ursula Querner verheiratet und hat einige Kunstwerke auch mit ihr zusammen erarbeitet

---

[247] Bruhns (2013²) S. 452 sowie in KG_Johanniskirche_Stade (2006) S. 33ff.
[248] Wikipedia-Artikel mit weiterer Literatur – u.a. Beyer (1960).
[249] Bruhns (2013²) S. 458.
[250] Bruhns (2013²) S. 479.

bzw. nach deren frühem Krebstod 1969 fertiggestellt. In zweiter Ehe war er mit der Bildweberin Erika Querner verheiratet.[251]

F	4.3.36 Adventskirche (1956 HH Schnelsen)

5.2.36 Jürgen Weber

Jürgen Weber (1928-2007)[252] war als Bronzegießer und Bildhauer tätig.

A K L T	4.3.43 St. Marien (1960 HH Ohlsdorf)
T 1966	4.3.48 St.Jacobi-Kirche (1962 HH Altstadt)

[251] Bruhns (2013²) S. 492.
[252] Bruhns (2013²) S. 499.

5.3   Zusammenarbeit mit anderen Architekten

5.3.1   Otto Bartning

Der Architekt Prof. Otto Bartning war gemeinsam mit B. Hopp & R. Jäger bereits 1942 an der Aufstellung von Listen beteiligt, die den Bedarf an Kirchbauten reichsweit zusammenstellten.[253] Das nach dem Zweiten Weltkrieg mit dem Hilfswerk der EKD unter seiner Leitung realisierte Notkirchenprogramm griff u.a. darauf zurück.

> 4.3.36 Adventskirche (1956 HH Schnelsen)

5.3.2   Ehepaar Buttge

Das Architekten-Ehepaar Buttge hat zusammen mit H&J gearbeitet und die Bauleitung beim folgenden Projekt übernommen:

> 4.3.45 Johanniskirche (1956 NI Stade)

5.3.3   Fritz Höger

Zur Zusammenarbeit mit den Brüdern Hermann und Fritz Höger (1877-1949) ist weiteres Material in den separaten Veröffentlichungen vorhanden.[254]

> 4.3.1 Kirchsaal ‚Christus über den Wogen' (1932, HH Groß-Borstel)

5.3.4   Gerhard Langmaack

Mit G. Langmaack (1898-1986) hat über Jahrzehnte eine persönliche Bekanntschaft seit den 1920-er Jahren im ‚Verein für kirchliche Kunst Hamburg e.V.' bestanden, wobei in späteren Jahren zu H&J auch durch eine Situation des Wettbewerbs u.a. beim Bau der Lutherkirche in Wellingsbüttel bestand.[255]

> 4.4.15 Kirche St. Georg (Wiederaufbau 1947-1949)

5.3.5   Kurt Schulze-Herringen

Dipl. Ing. Kurt Schulze-Herringen (1906-?), ehemals in Hamburg-Altona und nach dem Zweiten Weltkrieg in Osterholz-Scharnberg, war als Architekt an den folgenden Bauvorhaben beiteiligt:

> 4.4.2 St. Jürgen (1931 BR Lilienthal / Bremen)
>
> 4.3.6 Mulsum (1934 NI Landkreis Stade)[256]

---

[253] Siehe dazu künftig Gleßmer / Jäger / Hopp (2017) in der Biografie zu B. Hopp Teil 2.

[254] Zur Zusammenarbeit mit Fritz Höger siehe Gleßmer / Jäger / Hopp (2016) S. 52, 128ff.

[255] Zu Langmaack siehe Bartels (1998) sowie bei Gleßmer / Engler (2016) S. 21, 64, 142 sowie Gleßmer / Jäger / Hopp (2016) S. 87 zur Ausstellung „Architektur und Werkkunst" im Herbst 1931 (bzw. auch „Kult und Form").

[256] Siehe Gleßmer / Jäger / Hopp (2016) S. 144 bei Anm. 401.

5.3.6 Ferdinand Streb

Der Architekt Ferdinand Streb (1907-1970)[257] hat gemeinsam mit R. Jäger den Block des Bezirksamtes in der Arbeitsgemeinschaft der Grindelhochhaus-Architekten entworfen.

4.4.6 Grindelhochhäuser Bezirksamt (1956 Eimsbüttel)

[257] http://architekturarchiv-web.de/portraets/s-t/ferdinand-streb/index.html.

5.4 Mitarbeiterschaft des Architekturbüros H&J bzw. JGB

Die folgende Aufstellung ist u.a. aus mehreren Materialien zusammengestellt: a) einer Liste für den „Zeitschriften – Umlauf" vom 16.9.1957 (unten durch ‚1957' gekennzeichnet)[258] sowie b) einer Zusammenstellung auf dem Hintergrund der Praktikumszeit von Emmerich Jäger (Stand ca.1972). c) Zudem sind mit der Abkürzung ‚TB' einige Namen eingetragen, die sich in den Tagebüchern von Bernhard Hopp (ab 1936) bzw. in den rückschauenden Lebenserinnerungen von Rudolf Jäger (ca. 1973) finden und die sich auf eine Mitarbeit bei den zeichnerischen oder organisatorischen Arbeiten für die Projekte beziehen. d) Frau L. Brunzema, die Witwe des Firmen-Partners Dr.-Ing. Daniel Brunzema, hat freundlicherweise aus ihrer Erinnerung ebenfalls einige der Mitarbeiternamen beigetragen. e) Hinzugekommen sind aus dem umfangreichen Fundus des Nachlasses von Heinrich Steinfath durch seinen Sohn, den Architekten Dipl.-Ing. Heiner Steinfath, zahlreiche Dokumente – insbesondere Geburtstagsglückwunsch-schreiben, auf denen auch die Kolleginnen und Kollegen dem langjährigen Mitarbeiter gratuliert haben. Allerdings sind i.R. die handschriftlichen Unter-zeichnungen aus dem Zeitraum 1947 bis 1957 mit einigen Unsicherheiten der Identifizierung verbunden, so dass insgesamt hinsichtlich der jeweiligen Details der folgenden Tabelle eine gewisse Vorsicht anzuwenden bleibt. Die folgende Tabellenspalte „Dokumentiert" gibt also nur diejenigen Jahre an, von denen durch Dokumente bisher Sicherheit über die Tätigkeit im Architekturbüro besteht. Für eine Reihe von Personen geht jedoch ihre Tätigkeit mit Sicherheit wesentlich über das Jahr 1957 hinaus, für das z.Z. die letzte Dokumentation vorliegt. Möglicherweise ergeben sich aber auch durch fehlerhafte Angaben Anhaltspunkte zur Korrektur, um die wir gern bitten:

Name	Vorname	Geschl	Dokumentiert	Arbeitsbereich
Appen, von	Hans	Herr	1952-1957	Architekt
Behrens		Herr		Architekt [aus Scheeßel]
Bögge/Crusius	Marianne	Frau	1953/1954	
Bosse		Frau	1937	Zeichnerin
Brodlage (?)	J.		1952-1954	
Broscheidt	J.		1952-1954	
Brunzema, Dr. (1930-2011)	Daniel	Herr	1958-2001	Architekt / Partner (ab 1967)
Bunge	Burghard	Herr		Architekt
Carstens		Herr		Architekt
Delventhal	Hertha	Frau	1953	
Diederichsen	Charlotte	Frau	1942	

---

[258] HAA_Jäger_A005/002.

Name	Vorname	Anrede	Jahre	Funktion
Eplinius		Herr	1957	Architekt
Finke	Emmi	Frau	1947	
Finnern (verh. Strauer)	Hannelore	Frau	ab ca. 1960	Sekretariat
Friedrichsen		Herr	1938	
Fritzler, Dr.	Helmut	Herr	1947	
Gädtgens	Peter	Herr	1957-1972	Architekt
Geuth (?)	Henry	Herr	1952-1956	
Goldschmidt	Heinz	Herr	1952-1962	Architekt
Gries (1925-1993)	Johannes	Herr	1950-1980?	Architekt / Partner (ab 1962)
Gristau	Ursula	Frau	1952-1956	
Hamdorf	Thea	Frau	1945(T)- 1947	
Harder	Alfred	Herr	1952-1957	
Harder	Erwin	Herr	1952-	
Haring	Rolf	Herr		Architekt
Hirte[259]	Rolf	Herr	1947-1953	Architekt
Hobohm[260]	Ruthild	Frau	1952-1953	
Hopp (1893-1962)	Bernhard	Herr	1935-1962	Architekt / Partner (ab 1935)
Hopp	Asmus	Herr	1956-1966 (1972?)	Architekt
Hüttmann	Carla	Frau	1947-1962	Sekretariat
Jäger (1903-1978)	Rudolf	Herr	1935-1978/80	Architekt / Partner (ab 1935)
Jäger	Emmerich	Herr		Student (1972)
Jebsen	Jörn	Herr		Architekt
Jürgensen	Volker	Herr	1956-1957	
Kanik	Turcan	Herr		Praktikant (Istanbul)
Kerp	H.J.	Herr	1956-1957	
Knasemann		Herr	1936 (TB)	

---

[259] Hirte, Rolf: Bauten und Projekte 1953-1983. [Red. Gisela la Quiante] Hamburg : Selbstverl., 1983 / Ochsenfurt [Mitarbeiter beim Büro Hopp und Jäger.
[260] Hirte (1983) [Mitarbeiterliste ohne Seitenzahlen Abbildung A2].

Köhler		Herr	1938 (TB)	Zeichner
Kuhrts	Wilhelm	Herr	1957	
Lammers	Jürgen	Herr		Architekt / Bauleiter
Landenberger	Karla	Frau		
Larafoğlu	Osep(?)	Herr	1952	
Lasch	W.			
Lau	Helene	Frau	1952-1962	Sekretariat
Laux	Helmut[261]	Herr	1952-1955	Fahrer
Lilie	Erika	Frau	1938 (TB)- 1939[262]	Sekretariat
Mantze	Ulrich	Herr		Architekt
Mewes	Günter	Herr	1952	
Meyer	A.		1953	
Möller		Frau		Sekretariat
Otte	Thomas	Herr		Architekt
Puffert	Albrecht	Herr	1957	
Romanos		Herr	1957	
Schneider	Helen	Frl./Frau	1956-1957	Sekretariat
Stehls	Erwin	Herr	1956	
Steinfath	Heinrich	Herr	17.3.1937 - 15.7.1959[263]	Architekt
Stetenbuhr	Pietsch	Herr	1953-1954	
Stöter	Sigrid	Frau	1947	
Suhr	Peter	Herr		Architekt
They	Julius	Herr	1943 – ca. 1951/2[264]	Architekt
Theilmann	Gisela	Frau		Zeichnerin
Völker	Erwin	Herr	1952-1957	Architekt / Bauleiter
Wegner	Hans	Herr	1952-1957	

---

[261] Als Urheber eines von ihnen verwendeten Fotos nennen Hansen / Lüden (1953) S. 4 „Helmut Laux" (Foto S. 51 Erdölraffinerien in Harburg), vermutlich der H&J-Mitarbeiter..
[262] Schreiben im Nachlass Heinrich Steinfath (Pers. Schreiben H&J_20170309_0011f).
[263] Zeugnis zum Ausscheiden vom 15.7.1959 im Nachlass von Heinrich Steinfath (WP_20161104_011_H&J_Steinfath_1959-07-15).
[264] Jäger (1971) Erinnerungen S. 121.

6 Zusammenfassender Rückblick

Die Absicht, im „Projektbericht Nr. 2" eine möglichst repräsentative Fotosammlung zu den Kirchbauten zu bieten, war nicht ganz leicht zu realisieren, wie die oben getroffene Auswahl zeigt. Denn nicht alle gestalterischen Einzelheiten und nicht alle Bauphasen können auf wenigen Seiten dargestellt werden. Das für die Beiträge zum Hopp-und-Jäger-Projekt gewählte Din-A5-Format erlaubt es zwar, für die internen Bedürfnisse gut nutzbare Unterlagen in Eigenarbeit zu erstellen. Allerdings kommen dabei die oft künstlerisch besonders interessanten Aufnahmen der Gebäude und inneren Gestaltungen nicht in gleicher Weise zum Tragen, wie es etwa bei der Verwendung von Hochglanz-Fotos in größeren Formaten möglich wird. Insofern sind die oben erwähnten 40 x 40 cm großen H&J-Fotoalben in ihrer Wirkung nicht in dieser Projektstudie reproduzierbar.

Das Ziel, für das Projekt und (möglicherweise an der H&J-Vorgeschichte ihres Kirchbaues interessierte) Gemeinden diese darauf hinzuweisen, dass das präsentierte Bildmaterial und i.d.R. weit mehr überhaupt zur Verfügung steht, kann einen Einstieg bilden. Denn sicherlich sind beträchtliche weitere Informationen aus den jeweiligen Gemeindearchiven zu ergänzen, um den Kontext der jeweiligen Entstehungszeit weiter zu erhellen und um Modernisierungen und Erweiterungen hinzuzufügen.

Die Werkliste, die die Bauaktivitäten und Gestaltungen im Bereich der Kirchbauten von der Zeit ab 1931 bis 1980 dokumentiert, schildert so z.T. ganz unterschiedliche Schaffensphasen der Architekten und beteiligten Künstler sowie auch wechselnde Anforderungen der Bauträger. Die Anfangszeit der 30-er Jahre war äußerlich weitgehend von den Bedingungen der NS-Zeit und innerlich von unterschiedlichen kirchen-politischen Positionierungen der Pastoren geprägt. Die erste Nachkriegs-zeit, für die von Ulrich Pantle das „Leitbild Reduktion" geprägt wurde,[265] bemühte sich einerseits um eine gewisse Abkehr von der vorangehenden Phase des Kirchbaus in der NS-Zeit, und andererseits um Einfachheit beim Neubau. Erst allmählich sind in der beginnenden ‚Wirtschaftswunderzeit' dann Bauformen hinzugekommen, die wagten, mit Bauweisen zu experimentieren, die von Material- und Formgebungen von den früheren abwichen.

Allerdings sind Zuordnungen zu typischen Baustilen, die etwa auf den Kirchenbau-tagen theoretisch diskutiert wurden, kaum sicher zu „etikettieren". Ähnlich wie bei der theologisch vereinfachenden Rückschau auf die kirchen-politischen Strömun-gen „der" Bekennenden Kiche und „den" Deutschen Christen als Polarität und Wertung, sind auch die architektonischen Schematismen „der" Moderne und „der" traditionellen Bauweise auf dem Hintergrund von konkreten Einzeluntersuchungen einer jeweils neuen und kritischen Betrachtung zu unterziehen.[266]

Aber auch die oben mit der Begrifflichkeit „Leitbild Reduktion" beschriebene Zwischenphase des Neubeginns nach dem zweiten Weltkrieg ist eher als nur

---

[265] Pantle (2003) eDiss unter dem Titel „Leitbild Reduktion. Beiträge zum Kirchenbau in Deutschland von 1945 bis 1950".
[266] Vgl. zu diesem Bedarf auch bei Gleßmer / Engler (2016) S. 14.

scheinbarer Konsens bzw. verbale Kompromiss-Formel für eine Selbstbesinnung der Kirchenarchitekten zu werten. Deutlich wird dieser Sachverhalt, wenn man etwa betrachtet, wie einzelne der Fallbeispiele der Architekten von Pantle z.T. danach ausgewählt wurden, wie sie sich selbst in der Rückschau und unter Ausblendung ihrer Tätigkeit in der vorangegangenen Phase dargestellt haben.[267]

Papenbrock hat 2013, nachdem er auf den Überblick über ‚typisch' NS-zeitliche Kirchbauten in der Ausstellung „Christenkreuz und Hakenkreuz" verwiesen hat, für zukünftig notwendige, ergänzende Untersuchungen mit impliziter Kritik an dieser Zusammenstellung formuliert:

> „Die Erforschung kirchlicher Kunst und Architektur aus der NS-Zeit ist ein komplexes Unterfangen."[268]

Auf Grund dieser Erkenntnis wird ein langer Weg der architektur-historischen Einzelfall-Erforschung noch bevorstehen, der die verschiedenen Aspekte in den weitgefächerten Kontexten der jeweiligen Bauten angemessen beleuchtet. Dazu kann und soll für das Architekturbüro H&J (bzw. später JGB) der „Längsschnitt" der jetzt zusammengestellten bildlichen Dokumentation im „Projektbericht Nr. 2" einen Baustein mit vorbereiten.

Für die Entwicklung der architektonischen Vorstellungen sowie der Arbeitsfelder ist als einer der nächsten Bausteine vorgesehen, eine Zusammenstellung der nicht-realisierten Projekte sowie der Wettbewerbsbeiträge vorzunehmen und diese ebenfalls auch zu dokumentieren und darzustellen.

---

[267] Vgl. zu diesem Bedarf auch bei Gleßmer / Engler (2016) S. 140ff u.a. zu G. Langmaack und seine Veröffentlichungen in der NS-Zeit, deren Dokumentation bei Pantle (und vielen anderen Autoren) auf Grund späterer Darstellungen – etwa von Bartels (1998) – über diesen Architekten nicht hinreichend ausgewertet werden. Zu vergleichen sind aber auch etwa bei dem Architekten Winfried Wendland dessen markante Veränderungen in den beiden Auflagen seiner Buchveröffentlichung „Die Kunst der Kirche" von 1940 und 1953.

[268] Papenbrock (2013) SB S. 8.

7 Abkürzungen, Archivalien und Indices zu Personen, Orten und Themen

7.1 Abkürzungen

AA	Alsterdorfer Anstalten	LBSH	Landesbibliothek
AKH	Allgemeines Krankenhaus		Schleswig-Holstein
DAF	Deutsche Arbeitsfront	LKA	Landeskirchenamt
DBZ	Deutsche Bauzeitung	LKAK	Landeskirchliches Archiv
DSA	Denkmalschutzamt		der Nordkirche, Kiel
ESA	Evangelische Stiftung	Masch	maschinenschriftlich
	Alsterdorf	NS	Nationalsozialismus bzw.
FS	Festschrift		nationalsozialistisch
H&J	Hopp und Jäger	NSDAP	Nationasozialistische
HA	Hamburger Abendblatt		Deutsche Arbeiterpartei
HAA	Hamburgisches	NW	Neue Westfälische
	Architekturarchiv		(Zeitung)
HambKZ	Hamburger	SA	Sturmabteilung
	Kirchenzeitung	SB	Sammelband
HambKKal	Hamburger	SS	Schutz-Staffel
	Kirchenkalender	StAHH	Staatsarchiv Hamburg
KG	Kirchengemeinde	URL	Uniform Resource Locator
KKA	Kirchenkreis-Archiv		[für Internetadressen]
KuK	Kunst und Kirche	ZVHG	Zeitschrift des Vereins für
LASH	Landesarchiv Schleswig-		Hamburgische Geschichte
	Holstein (in Schleswig)		

7.2 Archivalien

[Festschriften von Kirchengemeinden sind unter KG_... im Literaturverzeichnis mit Jahreszahl aufgeführt]

Bauabteilung des Kirchenkreises Hamburg-Ost:

HAA Hamburgisches Architekturarchiv: Bestand R. Jäger (darin u.a. Fotobestand Walter Lüden), Fotobestand Otto Rheinländer (HAA_ORh...) sowie Becker-Mosbach: „Gesamtverzeichnis (4.5.2010)

Hopp Private Archivalien aus dem Nachlass Hopp (digitalisiert und den Archivalien hinzugefügt. Seitenzählung nach den Digitalisaten in PDF-Dateien) sowie seit Januar 2017 z.T. im HAA (HAA_B_Hopp_A001 bis ...004 aus dem Nachlass Dr. Gisela Hopp; HAA_B_Hopp_A005: Fotoband für Edite Hopp zum 70. Geburtstag 1971 (erstellt von Rudolf Jäger).

Jäger Privates persönliches Archivmaterial zu Rudolf Jäger im Besitz seines Sohne, dem Architekten Dipl.-Ing. Emmerich Jäger

LBSH Landesbibliothek Schleswig-Holstein (Briefwechsel Fehrs-Boeck)

LKAK Landeskirchliches Archiv der Nordkirche, Kiel

Steinf Privates Archiv des Nachlasses von Heinrich Steinfath im Besitz seines Sohnes, dem Architekten Dipl.-Ing. Heiner Steinfath

7.3   Kurztitel und Literatur

Asmussen / Hopp (1932)

Asmussen, Hans / Hopp,Bernhard: Symbol und Form. Gedruckt als Manuskript aus Anlaß der Ausstellung ,Symbol und Form'. Agentur des Rauhen Hauses Hamburg [o.J.] 1932

Ausstellungsleitung (1935)

Ausstellungsleitung e.V. Kunstverein in Hamburg: Maler Bildhauer Architekten stellen aus im Kunstverein Neue Rabenstr. 25; Oktober-November 1935.- Christiansdruck Hamburg 1935 [nach einem Exemplar im HAA Bestand ,Schramm S 531']

Bartels (1998)

Bartels, Olaf (Hrg.): Die Architekten Langmaack. Planen und Bauen in 75 Jahren.- Dölling und Galitz, Hamburg 1998

Bartning / Hirzel (1933) MGKK

Bartning, Otto / Hirzel, Stephan: Neue deutsche Kirchenkunst auf der Weltausstellung in Chicago 1933. Gespräch über die Vorbereitung der evangelischen Abteilung zwischen Otto Bartning und Stephan Hirzel. - MGKK. Jg. 38 (1933) S. 324-329. (Ausz. in: Prolingheuer 2001, S. 24 f.)

Baumann (2013)

Baumann, Uwe: Kunst und Kirche im Nationalsozialismus. Kunst und Politik Bd. 15.- Vandenhoeck und Ruprecht Göttingen 2013.

Beckerath (1921)

Beckerath, Hilde von: Das niederdeutsche Dorf. Ein Heimatbuch. Der Heimatbücher dritter Band. [Hansische Welt für den niederdeutschen Bund hrsg. v. Prof. Dr. Hans Much] Verlag Georg Westermann Braunschweig / Hamburg 1921

Berkemann / Denkmalschutzamt (2007)

Berkemann, Karin / Denkmalschutzamt Hamburg (Hrsg.): "Baukunst von morgen!" Hamburgs Kirchen der Nachkriegszeit. Dölling und Galitz Verlag, Hamburg 2007

Berthold (1939) KuK

Berthold, Martin : Die Johanneskirche in Hamm-Norden; in: Kunst und Kirche Bd. 16,4 (1939) 87-88

Beyer (1928) SB

Beyer, Oskar: Kirchenbauten unserer Zeit.- in: Wagner (Hrg): Kult und Form.- (1968) S. 57-59 [reprint eines Beitrags von Beyer in: KuK 5 (1928)]

Beyer (1931) KuK

Beyer, Oskar: Was ist der Kunst-Dienst?. – in: KuK 8 (1931) S. 7-12.

Beyer (1963) KuK

Beyer, Oskar: Von den Anfängen einer Neugestaltung kirchlichen Geräts; in: Kunst und Kirche 26,2 (1963) S. 80-83

Beyer (1964) Masch

Beyer, Oskar (Hrg.): Bernhard Hopp 1893-1962. Aus Vorträgen und Briefen zusammengestellt von O.B., Hamburg o.J. [nach 1964 StAHH]

Beyer (1966)

Beyer, Ralph: Oskar Beyer zum [G]edenken. – Teddington 1966. [Verweis Kusske S. 424]

BHU (2007)

Bund für Heimat und Umwelt: Dorfkirchen in Deutschland.- Bonn 2007

Boeck (1939) KuK

Boeck, Christian: Die Voraussetzungen des Kirchenbaus in Hamburg-Wellingsbüttel; in: Kunst und Kirche Bd. 16,4 (1939) 88-89

Boll (1932a) HambKZ

Boll, Karl: Künstlertum und Kirche.- in: HambKZ (1932) S. 50-51

Boll (1932b) HambKZ

Boll, Karl: Symbol und Form.- in: HambKZ (1932) S. 76-77.

Bräuninger (2013) ZfSHKG

Bräuninger, Michaela: „Nehmen sie den Leib, Gut, Ehr, Kind und Weib..." Aspekte des Neuanfangs im Protestantismus in den Jahren nach 1945, dargestellt am Beispiel der Bahrenfelder Luthergemeinde.- in: ZfSHKG 1 (2013) S. 223-258

Bräuninger (2014) ZfSHKG

Bräuninger, Michaela: Kirche in der Sinnkrise? Die Kirchengemeinde St. Jürgen in Heide nach den beiden Weltkriegen. Masterarbeit Geschichtswissenschaft ms. Kiel 2014, [z.Z. in Druckvorbereitung für ZfSHKG 3 (2016)]

Bräuninger (2015) Auskunft

Bräuninger, Michaela: Die Geschichte der Lutherkirchengemeinde Wellingsbüttel in den Jahren 1933 bis 1960. Eine Projektskizze.- in: Die Auskunft 35,2 (2015) S. 271- 283

Bräuninger (2016) eDiss

Bräuninger, Michaela: Kirchengemeinde im Werden? Die Kirchengemeinde Hamburg-Wellingsbüttel in den Jahren 1933-1975.- Dissertation zur Erlangung des Grades der Doktorin der Philosophie an der Fakultät für Geisteswissenschaften der Universität Hamburg im Promotionsfach Geschichte. Hamburg 2016 [http://ediss.sub.uni-hamburg.de/volltexte/2016/8024/pdf/Dissertation.pdf

Brülls (1995) KrBer

Holger Brülls: >Deutsche Gotteshäuser< - Kirchenbau im Nationalsozialismus: ein unterschlagenes Kapitel der deutschen Architekturgeschichte; in: kritische berichte - Zeitschrift für Kunst- und Kulturwissenschaften Bd. 23,1 (1995) S. 57-68 (http://journals.ub.uni-heidelberg.de/index.php/kb/article/view/11042)

Bruhns (2013^2)

Bruhns, Maike: Der neue Rump.- 2. Aufl. Hamburg 2013

Büttner (2017)

Büttner, Ursula: Fritz Valentin. Jüdischer Verfolgter, Richter und Christ 1897-1984. Eine Biografie [Beiträge zur Geschichte Hamburgs Bd. 66].- Wallstein Verlag, Göttingen 2017

Denzler / Fabricius (1984)

Denzler, Georg / Fabricius, Volker: Die Kirchen im Dritten Reich. Christen und Nazis Hand in Hand?; Band 1: Darstellung, Band 2: Dokumente; Fischer, Frankfurt 1984

Diederichsen (1981) Masch

Diederichsen, Johannes: Erinnerungen an Herrn Architekt Rudolf Jäger, Hamburg.- Maschinenschriftlich im privaten Nachlass Familie Jäger (1981) [Kopie vom 21.4.2017]

Dietrich (2013) DWL

Dietrich,Eva: Die Johanneskirche in Hamm-Norden. Eine Kirche im Spannungsfeld zwischen Nationalsozialismus und "Bekennenden Christen"; in: Denkmalpflege in Westfalen-Lippe 19 (2013) Nr.2, S. 74-83

Dörr / Hischer (1970)

Dörr, A. / Hischer, E.: Die Schule für Körperbehinderte. Ausbau und Gestaltung. Ein Beitrag zur Schulbauforschung.- G. Schindele Verlag, Neuburgweier/Karlsruhe 1970

Droste (2000) SB

Droste, Magdalena: »Der Kunst Dienst. Kunsthandwerk und Design zwischen Kirche und NS-Staat« In: Ausst.-Kat. Die nützliche Moderne. Graphik und Produkt-Design in Deutschland 1935–1955. Münster 2000 (Westfälisches Landesmuseum für Kunst und Kulturgeschichte); S. 116–130

Dudek (1988)

Dudek, Peter: Erziehung durch Arbeit. Arbeitslagerbewegung und freiwilliger Arbeitsdienst 1920-1935,- Westdeutscher Verlag, Opladen 1988

Endlich / Geyler-von Bernus / Rossié (2008)

Endlich, Stefani / Geyler-von Bernus, Monica / Rossié, Beate (Hrg.): Christenkreuz und Hakenkreuz. Kirchenbau und sakrale Kunst im Nationalsozialismus. Katalogbuch zur Ausstellung.- Metropol Verlag, Berlin 2008

Erenz (2016) Zeit

Erenz, Benedikt: Kaum zu Glauben. Mitten in Hamburg steht ein Kirchturm aus Bielefeld. Und mitten in Bielefeld ein Kirchtrum aus Hamburg. Wie konnte das geschehen?.- in: DIE ZEIT v. 23. März 2016. Hamburgteil S. 4[11]

Evang_Kunstdienst (2013)

Der evangelische Kunst-Dienst in Dresden 1928-1933 (ohne Autorennamen elektronisch veröffentlicht unter http://www.umwelt-monitor.de/2013/05/der-evangelische-kunst-dienst-1928-1933/ (gespeichert als Der_ev_Kunst-Dienst_2013.pdf)

Eysholdt (1997)

Eysholdt, Tilmann: Evangelische Jugendarbeit zwischen "Jugendpflege" und "Jugendbewegung" die deutschen Schülerbibelkreise (BK) von 1919 bis 1934. - Rheinland-Verlag, 1997

Fischer (2000) SB

Fischer, Manfred F.: Denkmalpflege in Hamburg. Idee – Gesetz – Geschichte.- in: Arbeitshefte zur Denkmalpflege in Hamburg 19, Hamburg 2000, S. 57-62

Fischer (2008) SB

Fischer, Manfred F.: Hopp, Bernhard, geb. 28.10.1893 Hamburg, gest. 18.9.1962 ebd.; luth.; Architekt, Maler, Denkmalpfleger.- in: Kopitzsch, Franklin / Brietzke, Dirk (Hrg): Hamburgische Biografie – Personenlexikon Band 1, Hamburg 2008 (zweite Auflage), S. 140-141

Fricke / Pommerening / Hölck (2002)

Helmuth Fricke, Michael Pommerening, Richard Hölck: Die Kirchen am Wandsbeker Markt. Mühlenbek-Verlag, Hamburg 2002, [ISBN 3-9807460-2-X]

Geschichtswerkstatt Horn (2001)

Geschichtswerkstatt Horn: Zusammenstellung: Archiv der Philippuskirche für den Druck aufbereitet. Eigenverlag der Geschichtswerkstatt (Hamburg-)Horn 2001

Girkon (1941) KuK

Girkon, Paul: Elisabeth Coester.- in: Kunst und Kirche Bd. 18 (1941) S. 70-71

Gleßmer (2016)

Gleßmer, Uwe: Zur Biografie von Pastor Christian Boeck (1875-1964) Viele Jahre in Dienste der Kirche und der Fehrs-Gilde.- [Herausgegeben von der Fehrs-Gilde zu ihrem 100-jährigen Bestehen] Books on Demand, Norderstedt 2016

Gleßmer / Engler (2016)

Gleßmer, Uwe / Engler, Günther: Die Lutherkirche in Hamburg-Wellingsbüttel als Bau- und Kunstwerk der Architekten Bernhard Hopp und Rudolf Jäger . [Beitrag zum Hopp-und-Jäger-Projekt Nr. 4].- Books on Demand, Norderstedt 2016

Gleßmer / Jäger (2016a)

Gleßmer, Uwe / Jäger, Emmerich: Zur Entstehungsgeschichte der Gemeinde in Klein Borstel und der Kirche Maria-Magdalenen als Bau- und Kunstwerk der Architekten Hopp und Jäger mit dem Maler Hermann Junker.- Books on Demand, Norderstedt 2016

Gleßmer / Jäger (2016b)

Gleßmer, Uwe / Jäger, Emmerich: Projektbericht Nr. 1 zum Hopp-und-Jäger-Projekt. (Stand: März 2016).- Books on Demand, Norderstedt 2016

Gleßmer / Jäger / Hopp (2016)

Gleßmer, Uwe / Jäger, Emmerich / Hopp, Manuel: Zur Biografie des Kirchenbaumeisters Bernhard Hopp (1893-1962): Ein Leben als Hamburger Künstler und Architekt Teil 1: Die Zeit bis zum Zweiten Weltkrieg.- [Beitrag zum Hopp-und-Jäger-Projekt Nr. 5].- Books on Demand, Norderstedt 2016

Gleßmer / Lampe (2016)

Gleßmer, Uwe / Lampe, Alfred: Kirchgebäude in den Alsterdorfer Anstalten: Die Umgestaltungen der St. Nicolauskirche, Friedrich K. Lensch (1898-1976) und Deutungen des Altar-Wandbildes.- Books on Demand, Norderstedt [zweite, korrigierte und erweiterte Auflage] 2016

Gretzschel (2013)

Gretzschel, Matthias: Hamburgs Kirchen. Geschichte, Architektur und Angebote. (hrsg. V. Hamburger Abendblatt).- Axel Springer Verlag, Hamburg 2013

Grimm / Brather (2006)

Grimm, Anneliese / Brather, Jürgen: Aus der Geschichte der Großgemeinde Ahrensbök : 1945 – 2004.- Verlag Struve, Eutin 2006

Großmann (2005) Mitteilungen

Großmann, G. Ulrich: Völkische Fachwerkdeutungen zwischen 1907 und 2007 in Norddeutschland.- in: Mitteilungen 24 (2005) S. 39-48

Grosse / Otte (1996)

Grosse, Heinrich / Otte, Hans:Bewahren ohne Bekennen?: Die hannoversche Landeskirche im Nationalsozialismus.- Hannover 1996

Grünewald (2010)

Grünewald, Erika: Kunstgeschichte und Kirchenpädagogik. Ungelöste Spannungen.- Kirche in der Stadt Bd. 15. EB-Verlag Dr. Brandt, Berlin 2010

Grundmann / Helms (1993)

Grundmann, Friedhelm / Helms, Thomas: Wenn Steine predigen. Hamburgs Kirchen vom Mittelalter bis zur Gegenwart.- Medien Verlag Schubert, Hamburg 1993

Güntter (2016) NW

Güntter, Thomas: Das gibt's doch gar nicht Kurios: Mitten in Bielefeld steht ein Kirchturm aus Hamburg. Und mitten in Hamburg ein Kirchtrum aus Bielefeld. Wie konnte das passieren?.- in: Nordwestzeitung vom 23./24. April 2016 S.

Haerter / Stolt (1999) ZVHG

Haerter, Berthold W. / Stolt, Peter: Die Vorgänger des Kirchlichen Kunstdienstes in Hamburg.- in: ZVHG 85 (1999) 63-84 [elektronisch verfügbar über http://agora.sub.uni-hamburg.de/subhh/digbib/ssearch] [Zu Hopp S. 75a33, 78; 80;84a56]

Halver (1983) SB

Halver, Rudolf: 40 Jahre BK-Geschichte zwischen Nordsee und Ostsee.- in: Warns (1983) S. 445-447

Halver (1985) SB

Halver, Rudolf: Hans Asmussen – Der Kämpfer.- in: Prehn (1985) S. 187-191.

Hamburger Kunsthalle (1983)

Hamburger Kunsthalle (Hrg.): Verfolgt und Verführt. Kunst unterm Hakenkreuz in Hamburg 1933 - 1945 ; Hamburger Kunsthalle, 12. Mai - 3. Juni 1983 ; [Ausstellung d. Hamburger Kunsthalle u.d. Museumspädag. Dienstes Hamburg] / [in Zusammenarbeit mit d. Museum für Kunst u. Gewerbe. Inhalt u. Konzeption von Ausstellung u. Katalog: Sigrun Paas ; Hans-Werner Schmidt. Katalog-Red.: Sigrun Paas]; 1983

Hammer (1977)

Hammer, Friedrich: Verzeichnis der Pastorinnen und Pastoren der Schleswig-Holsteinischen Landeskirche 1864-1976, Schriften des Vereins für Schleswig-Holsteinische Kirchengeschichte Sonderband, Karl Wachholtz Verlag Neumünster o.J.

Hammer (1991) ZVHG

Hammer, Friedrich: Kirche in politischen Ausnahmesituationen : Erlebnisse eines Pfarrers in Hamburg und Altona 1930 – 1956.- in: ZVHG 77 (1991) S. 77-100

Hansen / Lüden (1953)

Hansen, Hans Jürgen; Hamburg – Weltstadt am Strom. Photographische Bearbeitung und Erläuterung von Walter Lüden.- Orbis Verlag Hamburg 1953

Heimatkirche (1939)

Unsere Heimatkirche. Hrsg. im Auftrage des Landeskirchenamtes Kiel vom landeskirchl. Presseamt. Heinrich Beenken, Berlin 1939

Hennig (1948)

Hennig, Martin: Bericht über das Leben in der Kirchengemeinde ,Christus über den Wogen' zu Hamburg-Groß-Borstel im Jahre 1948 erstattet von Pastor Dr. Hennig.- [gedruckt als Gemeindebrief im Bestand Alfred Lampe].

Hennig (1988)

Hennig, Martin: Beiträge zur nordelbischen und zur hamburgischen Kirchengeschichte. Breklumer Verlag, 1988

Hennigs (2016) ZVHG

Hennigs, Burkhard von: Rez zu Gleßmer / Lampe: (2016) ,Kirchgebäude in den Alsterdorfer Anstalten: Die Umgestaltungen der St. Nicolauskirche, Friedrich K. Lensch (1898-1976) und Deutungen des Altar-Wandbildes'.- in: ZVHG 102 (2016) 222-225

Hering (1995)

Hering, Rainer: Die Bischöfe Simon Schöffel und Franz Tügel. Hamburger Lebensbilder 10.- (hrsg v. Verein für Hamburgische Geschichte), Verlag Verein für Hamburgische Geschichte, Hamburg 1995

Hering / Mager (2008)

Hering, Rainer und Inge Mager (Hrg): Kirchliche Zeitgeschichte (20. Jahrhundert). [Hamburgische Kirchengeschichte in Aufsätzen, Teil 5; AKGH Bd. 26]. Hamburg University Press, Hamburg 2008

Herntrich (1968)

Herntrich, Hans-Volker (Hg.): Volkmar Herntrich (1908-1958). Ein diakonischer Bischof. Hamburg 1968

Hipp (1990^2)

Hipp, Hermann: Freie und Hansestadt Hamburg. Geschichte, Kultur und Stadtbaukunst an Elbe und Alster. DuMont Kunst-Reiseführer, DuMont Buchverlag Köln; 2. Auflage 1990

Hong (2001)

Hong, Haejung: Die Deutsche Christliche Studenten-Vereinigung (DCSV) 1897 – 1938. Ein Beitrag zur Geschichte des protestantischen Bildungsbürgertums.- Tectum verlag Marburg 2001

Hopp (1931) HambKKalend

Hopp, Bernhard: Kirchliche Geräte.- in: Hamburger Kirchen-Kalender 1931, S. 130-135.

Hopp (1932) HambKZ

Hopp, Bernhard: Rezension von „Forschungen zur Kirchengeschichte und zur Kirchlichen Kunst. Prof. Dr. Joh. Ficker ... als Festgabe, Leipzig 1931".- HambKZ 9 (1932) S. 38-39

Hopp (1932) SymbForm

Hopp, Bernhard: Begegnung mit dem Symbol.- in: Asmussen, Hans / Hopp, Bernhard: Symbol und Form. Gedruckt als Manuskript aus Anlaß der Ausstellung ,Symbol und Form'. Agentur des Rauhen Hauses Hamburg [o.J.] 1932, S. 13-21

Hopp (1935) HambKZ

Hopp, Bernhard: Die erneuerte Turmhalle zu St.Jacobi.- HambKZ 12 (1935) S. 174-175

Hopp (1938) KuK

Hopp, Bernhard: Die Gestalt des Altars.- in: Kunst und Kirche Bd. 15,2 (1938) 3-6

Hopp (1942) Masch

Hopp, Bernhard: Denkschrift zum Kirchenbau vom Februar 1942, Abschrift zu E.O.I. 6224/42, EZA, Bestand 7, 5769 (zugleich Rundschreiben des evang. Oberkirchenrates an die evang. Konsistorien vom 27.2.1942)

Hopp (1947) SB

Hopp, Bernhard: Hamburgs Baudenkmäler. Nach dem Stande von 1946; in: Lüth, Erich (Hg.): Neues Hamburg. Teil I: Zeugnisse vom Wiederaufbau der Hansestadt, Hamburg 1947, S.84-93

Hopp (1947) Baurundschau

Hopp, Bernhard: Über denkmalspflegerische Probleme beim Wiederaufbau Hamburgs.- in: Baurundschau Jg. 37; H. 19/24 S. 115-131

Illian (2005)

Illian, Christian: Der Evangelische Arbeitsdienst : Krisenprojekt zwischen Weimarer Demokratie und NS-Diktatur ; ein Beitrag zur Geschichte des Sozialen Protestantismus.- [Religiöse Kulturen der Moderne Bd. 12] Gütersloher Verl.-Haus, 2005

Jäger (1933) NiederdZ

Jäger, Rudolf: Symbol und Form.- in: Niederdeutsche Kirchenzeitung 3. Jg. (1933) Nr. 1 vom 1. Januar 1933 S. 8-9

Jäger (1934)

Jäger; Rudolf: Die Gemeindekirche.- in: Asmussen, Hans / Collatz, Fritz / Jäger, Rudolf (Hrsg): Die Gemeindekirche. Eine Schriftenreihe. Hans Harder Verlag Altona 1934

Jäger (1973) Masch

Jäger, Rudolf: [Lebenserinnerungen] „Meiner lieben Frau und meinen Kindern".- [maschinenschriftlich, im Privatbesitz der Familie Jäger], 1973

Jäger (2016) Masch

Jäger, Emmerich: Das Haus des Architekten Rudolf Jäger. Dipl.-Ing. Rudolf Jäger (1903-1978) Eine kleine Zusammenstellung mit Geschichten, Zeichnungen und Fotos.- (private Vervielfältigung vom 10.1.2016)

Jerrentrup / Peter / Feußner (1999)

Jerrentrup, Friedrich Wilhelm / Peter, Claus / Feußner, Heinz: Alte Kirchen in Hamm.- Westfälischer Anzeiger Verlagsgesellschaft mbH, Hamm 1999

Joos-Koch (1988)

Joos-Koch, Christiane: Evangelische Kirchengemeinde Jakobi zu Rheine 1838-1988. Chronik zum 150jährigen Bestehen der Gemeinde. [Hrsg. v. Presbyterium der Ev. Kirchengemeinde Jakobi zu Rheine].- Rheine 1988

Kahl u.a. (2008)

Kahl, Werner / Biehl, Michael / Chiquete, Daniel / Förster, Sabine (Hrg): Mission interkulturell. Festschrift zum fünfzigjährigen Bestehen der Missonsakademie.- Verlagshaus Mainz GmbH, Aachen 2008

Kamphausen (1955)

Kamphausen, Alfred: Die Kirchen Schleswig-Holsteins.- Verlag Bernaerts, Schleswig 1955

Katharinen (2000)

Das Katharinenbuch.- Hamburg 2000

Kautzsch (1939) KuK

Kautzsch, Martin: Die Kirchenbaumeister Bernhard Hopp und Rudolf Jäger; in: Kunst und Kirche Bd. 16,4 (1939) 83-87

KG_Balje (2013)

Kirchengemeinde Balje: 75 Jahre St. Marien-Kirche Balje 1938-2013.

KG_Bargstedt (2011)

KG_St_Primus / Thiele, Wilhelm / Weßeler, Friedrich (Hrg.): 777 Jahre St. Primus Bargstedt. Bilder und Berichte aus dem Leben von Kirchspiel und Kirchengemeinde im letzten Jahrtausend.- Druckhaus Harms Groß Oesingen 2011 [ISBN 978-3-00-033580-8]

KG_Berne (1989)

Ev.-Luth. Friedens-Kirchengemeinde Berne (Hrsg): 50 Jahre Friedenskirche Berne 1939-1989; Eigenverlag (verantw. Dr. I. Christiansen-Frettlöh) 1989.

KG_Berne (2009)

Ev.-Luth. Friedens-Kirchengemeinde Berne (Hrsg): 70 Jahre Friedenskirche Berne 1939-2009.

KG_Büchen_Pötrau (2014)

Der Kirchenvorstand der Evangelisch-Lutherischen Kirchengemeinde Büchen-Pötrau. Kirchenführer (download der Onlineversion aus der Internetpräsenz 17.8.2014).

KG_Hamm (2006)

Evangelische Kirchengemeinde Hamm (Hrsg): Kirchbau in schwerer Zeit. Hamm 2006

KG_Hamm (2013)

Evangelische Kirchengemeinde Hamm (Hrsg): Aus Hoffnung geschnitzt. Die Johanneskirche Hamm-Norden in Bildern und Gedanken; Hamm 2013

KG_Hummesbüttel (2003)

Ev.-Luth. Christophorusgemeinde zu Hamburg-Hummelsbüttel (Hrsg.): 1953-2003 50 Jahre Christophoruskirche in Hamburg-Hummelsbüttel; Eigenverlag (Verantw. P. Hans-Ulrich von der Fecht) 2003

KG_Handewitt (1984)

Unsere Kirche in Handewitt.- 1984

KG_Johanniskirche_Stade (2006)

KG_Johanniskirche_Stade: 50 Jahre und kein bisschen leise.Kirchweihfest 50 Jahre Johanniskirche 1956-2006.- Stade 2006

KG_Maria-Magdalenen (1998)

Kirchengemeinde Maria-Magdalenen (Hrsg): 60. Kirchweihfest. Ev.-Luth. Kirchengemeinde Maria-Magdalenen zu Hamburg Klein-Borstel 1938-1998; Eigenverlag (Verantw. U.a. Wolfgang Behrens) 1998

KG_Maria-Magdalenen (2013)

Kirchengemeinde Maria-Magdalenen (Hrsg): 75. Kirchweihfest. Ev.-Luth. Kirchengemeinde Maria-Magdalenen zu Hamburg Klein-Borstel 1938-2013; Eigenverlag 2013

KG_StMarien (2010)

Kirchengemeinde St. Marien Ohlsdorf-Fuhlsbüttel: 50 Jahre St. Marien 1960 bis 2010.

KG_StLukas (1963)

Kirchengemeinde St. Lukas: St. Lukas 70 Jahre am Erdkampsweg. Der erste Bau 1893. Der Umbau 1938. Die Gedächtniskapelle 1963.- Hamburg 1963

KG_StLukas (1993)

Kirchengemeinde St. Lukas: 100 Jahre St. Lukas.- 1993

KG_StPeter (2009)

Kirchengemeinde St. Peter Groß-Borstel: Festschrift 50 Jahre St. Peter.- 2009 [online als PDF: http://de.wikipedia.org/wiki/St._Peter_%28Hamburg-Gro%C3%9F_Borstel%29]

KG_Sundern (2015)

Kirchengemeinde Sundern - Friedrich Ollesch: „Entwicklung der evangelischen Kirchengemeinde Sundern". Online verfügbar 2015

KG_Wellingsbüttel (1987)

Ev.-Luth. Kirchengemeinde Wellingsbüttel (Hrsg): Festschrift 50 Jahre Lutherkirche Wellingsbüttel 1937-1987; Eigenverlag 1987

Klée Gobert (1968)

Klée Gobert, Renata: Die Bau- und Kunstdenkmale der Freien und Hansestadt Hamburg (Hrg. v. Joachim Gerhardt). Bd. III: Innenstadt: die Hauptkirchen St. Petri, St. Katharinen, St. Jacobi.- Christian Wegner Verlag 1968.

Klée Gobert (1970)

Klée Gobert, Renata: Die Bau- und Kunstdenkmale der Freien und Hansestadt Hamburg, Band III, Altona-Elbvororte. Hamburg 1970. [H&J S.67: Christians-Kirche, Wiederherstellung 1946-52]

Kleineschulte (2000) SB

Kleineschulte, Stefan: St. Jacobi in Hamburg – mehr als eine Kirche des Mittelalters.- in: Mittelalter in Hamburg: Kunstförderer, Burgen, Kirchen, Künstler und Kunstwerke. Hrsg. von Volker Plagemann. Verlag Dölling und Galitz, Hamburg 2000, S. 116-125

Knolle (1930) HambKZ

Knolle, Theodor: Kirche und Künstler [H]amburgs.- in: HambKZ (1932) S. 90-91

Knolle (1932b) HambKZ

Knolle, Theodor: Kirche und Kunst.- in: HambKZ (1932) S. 76-77.

Knuth u.a. (1995)

Knuth, Hans / Soeffner, Georg / Nissle, Cornelius / Helms, Thomas: Dächer der Hoffnung. Kirchenbau in Hamburg zwischen 1950 und 1970; Christians Verlag Hamburg, 1995

Kohlwage u.a. (2015)

Kohlwage, Karl Ludwig / Kemper, Manfred / und Pörksen, Jens-Hinrich: ‚Was vor Gott recht ist' – Kirchenkampf und theologische Grundlegung für den Neuanfang der Kirche in Schleswig-Holstein nach 1945, Husum 2015

König (1989)

König, Ernst: Chronik der Kirchengemeinde Wellingsbüttel 1938-1988. Hamburg : Eigenverlag Kirchengemeinde Wellingsbüttel, 1989

Kröger (2010) SB

Kröger, Peter: Geschichte der Marien-Kirchen-Gemeinde.- in: KG_StMarien (2010) S. 9-11.19-20

Kühn / Rohrbeck (1970)

Kühn, Helga-Maria / Rohrbeck, Brigitte: Die Kirchen der Hamburgischen Landeskirche. [hrsg v. Archiv der Landeskirche].- Hamburg 1970

Kulturbehörde / Denkmalschutzamt (2007)

Kulturbehörde / Denkmalschutzamt (Hrg): ‚Baukunst von morgen!' Otto Bartning. Hamburgs Kirchen der Nachkriegszeit.- Verlag Dölling und Galitz, Hamburg 2007

Kunstverein (1931)

Kunstverein in Hamburg: Kunst-Dienst-Ausstellung Kult und Form. Neues evangelisches, katholisches und jüdisches Kultschaffen [Kunstverein in Hamburg Neue Rabenstrasse 25 vom 12. September bis 18. Oktober 1931] Hrsg. Kunst-Dienst Dresden; Kunstverein in Hamburg; Verein für kirchliche Kunst, Hamburg. 1931

Kusske (2013) Diss

Kusske, Dieter: Zwischen Kunst, Kult und Kollaboration. Der deutsche kirchennahe "Kunst-Dienst" 1928 bis 1945 im Kontext.- Diss. Phil. Universität Bremen, 2013

Lange (1994)

Lange, Ralf: Hamburg - Wiederaufbau und Neuplanung 1943 - 1963. (Die blauen Bücher). Königstein im Taunus: Langewiesche, 1994

Lange (1995)

Lange, Ralf: Architekturführer Hamburg. Stuttgart: Edition Menges, 1995

Lange (2008)

Lange, Ralf: Architektur in Hamburg. Der große Architekturführer. Über 1000 Bauten in Einzeldarstellungen. Junius-Verlag Hamburg 2008

Langmaack (1955)

Langmaack, Gerhard: Arbeiten aus den Jahren 1923 – 1955.- o.J. [1955]

Langmaack (1971)

Langmaack, Gerhard: Evangelischer Kirchenbau im 19. Und 20. Jahrhundert.- Kassel 1971

Linck (2013ff)

Linck, Stephan: Neue Anfänge? Der Umgang der Evangelischen Kirche mit der NS-Vergangenheit und ihr Verhältnis zum Judentum. Bd 1. 1945-1965. Luth. Verlagsanstalt Kiel 2013 (Bd. 2 1965-1985; Febr. 2016)

Linhardt (2006)

Linhardt, Andreas: Die Technische Nothilfe in der Weimarer Republik.- [Diss. TU Braunschweig 2006. Books on Demand, Norderstedt 2006

Lobe / Vennebusch (2013)

Lobe, Matthias / Vennebusch, Jochen Hermann(Hrsg): Die Flottbeker Kirche in Hamburg.- Kunstverlag Josef Fink, Lindenberg 2013

Lubitz (2016)

Lubitz, Jan: Geformter Raum. Die Architekten Bensel, Kamps und Amsinck.- [Schriften-reihe des Hamburgischen Architekturarchivs hrsg. Hartmut Frank u. Ullrich Schwarz] Dölling und Galitz Hamburg 2016

Michaelis (1963) Masch

Michaelis, Arnulf (sen.): Chronik der Gemeinde Bramfeld (Maschinenschriftlich als interne Vervielfältigung in mehreren Teilen). Hamburg 1963

Mohaupt (1982)

Mohaupt, Lutz (Hrg): Die Hauptkirche St. Jacobi in Hamburg. Baugeschichte. Kunstwerke. Prediger.- Friedrich Wittig Verlag, Hamburg 1982

Overlack (2007)

Overlack, Victoria: Zwischen nationalem Aufbruch und Nischenexistenz. Evangelisches Leben in Hamburg 1933-1945. Forum Zeitgeschichte Bd. 18, Dölling und Galitz Verlag, München / Hamburg 2007

Paas / Schmidt (1983)

Paas, Sigrun / Schmidt, Hans-Werner / Hamburger Kunsthalle (Hrg.): Verfolgt und Verführt. Kunst unterm Hakenkreuz in Hamburg 1933 - 1945 ; Hamburger Kunsthalle, 12. Mai - 3. Juni 1983 ; [Ausstellung d. Hamburger Kunsthalle u.d. Museumspädag. Dienstes Hamburg] / [in Zusammenarbeit mit d. Museum für Kunst u. Gewerbe. Inhalt u. Konzeption von Ausstellung u. Katalog: Sigrun Paas ; Hans-Werner Schmidt. Katalog-Red.: Sigrun Paas]; 1983

Pankoke (1998)

Pankoke, Barbara: Zum 40jährigen Bestehen der Matthäuskirche. [URL http://www.amd-westfalen.de/fileadmin/dateien/dateien_isenburg/OK/Bau_Matthaeuskirche_Pankoke.pdf]

Pantle (2003) Diss

Pantle, Ulrich: Leitbild Reduktion. Beiträge zum Kirchenbau in Deutschland von 1945 bis 1950.- Diss Universität Stuttgart 2003 (eDiss http://elib.uni-stuttgart.de/opus/frontdoor.php?source_opus=1465&la=de)

Papenbrock (2013)

Papenbrock, Martin (Hg.): Kunst und Kirche im Nationalsozialismus. (Kunst und Politik Band 015). Göttingen: Vandenhoeck & Ruprecht unipress 2013

Pörksen (1959) HambKKal

Pörksen, Martin: Hamburgs Anteil an der Weltmission.- in: Hamburger Kirchenkalender (1959) S. 57-63

Prehn (1985)

Prehn, Wolfgang (Hrg.): Zeit, den schmalen Weg zu gehen. Zeugen berichten vom Kirchenkampf in Schleswig-Holstein. (Herausgegeben von Wolfgang Prehn unter Mitarbeit von Johannes Diederichsen und Martin Pörksen).- Lutherische Verlagsgesellschaft, Kiel 2. Aufl. 1985

Prolingheuer (2001)

Prolingheuer, Hans: Hitlers fromme Bilderstürmer. Kirche und Kunst unterm Hakenkreuz. Dittrich Verlag, Köln 2001

Rahe (2004) online

Rahe, Konrad (Hg.): Die Briefe von Julius Hahn an Heinz Harten 1931-1937, Kiel 2004 [online: http://www.kirche-christen-juden.org/PDF/rahe-harten.pdf]

Real (2005) Diss

Real, Caroline Theresia: Studien zum malerischen Werk des Künstlers Max Schulze-Sölde (1887-1967).- Diss. Münster 2005

Reißmann (2006) HambBiog

Reißmann, :Artikel „Stockhausen, Otto Christian Wilhelm Theodor.- in: HambBiogr Bd. 3 (2006) S. 371-372

Reumann (1988)

Reumann, Klauspeter (Hrg.): Kirche und Nationalsozialismus. Beiträge zur Geschichte des Kirchenkampfes in der evangelischen Landeskirche Schleswig-Holsteins. Wachholtz Verlag Neumünster 1988

Rietzler (1932) Form

Rietzler, W.: Der Kampf um die deutsche Kultur.- in: Die Form Jg. 6 (1932) S. 377-380

Risch / Risch (1970) sbz

Risch, Monika / Risch, G.: Die Schule für Körperbehinderte [Besprechung von Dörr / Hischer (1970)].- in: Schweizer Bauzeitung Jg. 88 Heft 42 (1970) S. 956-959

Ruoff (2000)

Ruoff, Manuel: Landesbischof Franz Tügel.- Beiträge zur deutschen und europäischen Geschichte Bd. 22; Verlag Dr. Reinhold Krämer Hamburg 2000

Schade (2008) SB

Schade, Herwarth von: Das Landeskirchenamt in Hamburg.- in: Hering / Mager (2008) S. 201-241

Schade (2009)

Schade, Herwarth von: Hamburger Pastorinnen und Pastoren seit der Reformation. Ein Verzeichnis.- (Im Auftrag des Kirchenkreisvorstandes des Kirchenkreises Alt-Hamburg in der Nordelbischen Ev.-Luth. Kirche herausgegeben von Gerhard Paasch.) Edition Temmen. Hamburg 2009

Schiller (1961)

Schiller, Gertrud: Hamburgs neue Kirchen 1951 – 1961; Christians Verlag Hamburg, 1961

Schnell (1973)

Schnell, Hugo: Der Kirchenbau des 20. Jahrhunderts in Deutschland. Dokumentation Darstellung Deutung; (Schnell & Steiner) München / Zürich 1973

Schöfbeck (2003)

Schöfbeck, Tilo: Die Kirchen von Kenz, Bodstedt und Flemendorf; Regensburg : Schnell & Steiner, 2003

Schoop (2011) eDiss

Schoop, Uta: Arnold Fiedler (1900-1985) – Eine Künstlermonographie.- [Dissertation zur Erlangung der Würde des Doktors der Philosophie der Universität Hamburg] 2011

Schreyer (1967)

Schreyer, Alf: Kirche zwischen Nord- und Ostsee. Ein Bildbericht von Alf Schreyer. Bischof D. Reinhard Wester zum 65. Geburtstag am 2. Juni 1967 gewidmet. Herausgegeben von Wolfgang Baader. Sonderausgabe der Reihe Kirche in Bildern. Ein Jahrbuch der Evangelisch-Lutherischen Landeskirchen in Schleswig-Holstein. Kiel 1967

Schreyer (1981)

Schreyer, Alf: Kirche in Stormarn. Geschichte eines Kirchenkreises und seiner Kirchengemeinden; - Hamburg. M + K Hansa. 1981

Schumacher (1930) DBZ

Schumacher, Fritz: Kriegs-Gedenkmal in Hamburg.- in: DBZ 64,9 (1930) 65-72 (28. Juni 1930 Beilage W = Wettbewerbe)

[http://delibra.bg.polsl.pl/Content/15019/P-391_1930_No9.pdf?handler=pdf]

Schumacher (1932)

Schumacher, Fritz: 24 Wandbilder in Hamburger Staatsbauten. Hamburger Staatliche Kunstpflege.- Verlagsbuchhandlung Broschek & Co. Hamburg 1932

Soeffner / Knuth / Nissle (1995)

Soeffner, Hans-Georg / Knuth, Hans Christian / Nissle, Cornelius: Dächer der Hoffnung. Kirchenbau in Hamburg zwischen 1950 und 1970.- Chirstians-Verlag 1995

Steinfath (2017)

Heiner Steinfath (Hrg.): Heinrich Steinfath − Die Hauptkirche St. Katharinen − Wiederaufbau nach der Zerstörung 1943.- Books on Demand, Norderstedt 2017

Stolt (2000)

Stolt, Peter: Die St.-Katharinen-Kirche zu Hamburg : ein Blick in die Gemeindegeschichte/ von Peter Stolt und Axel Denecke.- Dt. Kunstverl., München ; Berlin 3. völlig neu bearb. Aufl. 2000

Stolt (2006)

Stolt, Peter: Liberaler Protestantismus in Hamburg − im Spiegel der Hauptkirche St. Katharinen.- [Arbeiten zur Kirchengeschichte Hamburgs Bd. 25]. Verlag Verein für Hamburgische Geschichte, Hamburg 2006

Thiele / Weßeler ()

Thiele / Weßeler

Timm (2004)

Timm, Klaus: ... an der Stelle von einem DENK-MAL in Kl. Borstel − für die Nazi-Opfer Verfolgung + Widerstand. [Band X der Reihe „Geschichten aus Kl. Borstel"].- Hangö − Sommer 2004 − Hamburg (Selbstverlag)

Tügel (1972)

Tügel, Franz: Mein Weg 1888-1946. Erinnerungen eines Hamburger Bischofs Hrsg v. Carsten Nicolaisen [Arbeiten zur Geschichte Hamburgs Bd. 11], Friedrich Wittig Verlag Hamburg 1972

Voigt (1995) BBKL

Voigt, Karl Heinz: Schneck, Wilhelm Karl.- in: Biographisch-Bibliographisches Kirchenlexikon (BBKL). Band 9, Bautz, Herzberg 1995, Sp. 526–529

Volz (2008) SB

Volz, Günter: Missionsakademie an der Universität Hamburg – die Geschichte ihrer Enstehung.- in: Kahl u.a. (2008) SB S. 149-172

Vossen (1991)

Vossen, Rüdiger: Freundbilder, Feindbilder : Portraits sowjetischer Kriegsgefangener (1942-44) gezeichnet von Hermann Junker.- Christians Verlag, Hamburg 1991

Warns (1983)

Warns, Eberhard (Hrg.): Evangelische Schülerarbeit in 100 Jahren. [Im Auftrag d. Bundes Deutscher Bibelkreise / Arbeitsgemeinschaft Evangelischer Schülerarbeit].- Jugenddienst Verlag Wuppertal, 1983

Wendland (1940)

Wendland, Winfried: Die Kunst der Kirche.- Wichern-Verlag Herbert Renner, Berlin 1940 (2. neu bearbeitete Aufl. 1953; Lutherisches Verlagshaus, Berlin)

Wilhelmi (1939) BarmBote

Wilhelmi, Heinrich: Neue Kirchen in Hamburgs Umgebung: Die Lutherkirche in Wellingsbüttel; in: Barmbeker Bote Jg. 30 (18. Juni 1939) S.193-194, (9. Juli 1939 S. 216-217 und (16. Juli 1939) S. 225-226

Wilhelmi (1968)

Wilhelmi, Heinrich: Die Hamburger Kirche in der nationalsozialistischen Zeit 1933-1945.- [Arbeiten zur Geschichte des Kirchenkampfes Ergänzungsreihe Bd. 5], Vandenhoeck u. Ruprecht Göttingen 1968

Wille (1988)

Wille, Hans: Ernst Barlachs Entwürfe für den Taufstein der Johanneskirche in Hamm, [Museumsverein Hamm] Hamm 1988

Wittmann-Englert (2006)

Wittmann-Englert, Kerstin: Zelt, Schiff und Wohnung: Kirchenbauten der Nachkriegsmoderne, Lindenberg im Allgäu 2006

Zimmermann (2014)

Zimmermann, Jan (Hrg): Walter Lüden: Hamburg. Fotos 1947–1965.- Junius Verlag, Hamburg 2014

7.4   Personen-Index

Ahnert 112, 273
Ahola 206, 254, 276
Ahrens 267
Albrecht 148, 273, 275, 288
Appen 286
Arnold 304
Asmussen 12, 293, 297, 298, 299
Assmann 106, 154, 276
Baack 29, 100
Baader 32, 305
Bahnsen 269, 270
Bannach 255
Barlach 72, 276, 306
Bartels 284, 291, 293
Bartning 128, 284, 293, 302
Baues 16, 245
Baumann 293
Bautz 305
Beckerath 293
Becker-Mosbach 11, 15, 21, 28, 246, 292
Beenken 297
Behr 30
Behrens 286, 300
Bensel 235, 303
Bergholz 16
Berkemann 293
Bernus 295
Berthold 33, 72, 172, 184, 239, 273, 293, 297
Besch 62, 66, 273
Beyer 12, 282, 293, 294
Blömer 29, 180
Bobrowski 22
Bodelschwingh 15, 130, 131, 184
Boeck 54, 80, 273, 294, 296, 323
Boll 294
Bosse 286
Brandt 297
Brather 278, 296
Brauer 19, 23, 26, 255
Bräuninger 294
Brietzke 295
Brodlage 286
Broscheidt 286
Broschek 305
Brüdegam 30, 271

Bruhns 276, 277, 278, 279, 280, 281, 282, 283, 294
Brülls 294
Brunke 241, 273
Brunzema 9, 11, 15, 20, 28, 30, 41, 168, 200, 202, 258, 262, 265, 286
Bunge 15, 286, 323
Bünz 273
Busse 106, 273
Buttge 158, 284
Büttner 268, 294
Carstens 286
Chiquete 299
Christiansen-Frettlöh 300
Claer 142, 276
Clausnitzer 92, 277
Coester 72, 240, 241, 277, 296
Collatz 299
Crodel 148, 150, 168, 277
Crusius/Bögge 286
Delventhal 286
Denzler 294
Distel 126
Dittrich 72, 76, 77, 252, 277, 278, 303
Dölling 293, 301, 302, 303, 323
Dörr 262, 295, 304
Dransfeld 40
Drechsler 21, 22, 168, 273
Dreher 268, 278
Drenckhahn 255
Droste 295
Dudek 237, 295
Eggert 273
Ehlers 19, 23, 323
Ehlert 190, 273
Eisbein 29
Elingius 270
Elmar 202, 279
Endlich 295
Engelland 22, 23, 168, 273
Engler 12, 54, 280, 281, 284, 290, 291, 296, 323
Eplinius 247, 287
Erenz 19, 295
Eysholdt 295
Fabricius 294

Falk 29
Fecht 300
Fehrs 80, 292, 296, 323
Felmy 140, 273
Feußner 239, 299
Fey-Talmühlen 179, 192, 200, 212, 278
Ficker 298
Fiedler 304
Finke 287
Finnern 287
Fischer 122, 274, 294, 295
Fleer 66, 96, 112, 134, 168, 278
Forst 278
Franke 263
Freytag 266
Fricke 104, 295, 296
Fritzler 287
Gädtgens 262, 264, 287
Galitz 293, 301, 302, 303, 323
Georgi 158, 274
Gerber 34, 274
Gerhardt 301
Geuth 287
Geyler-von 295
Girkon 72, 274, 277, 296
Gleßmer 11, 12, 15, 17, 19, 36, 39, 40, 42, 43, 44, 54, 61, 62, 66, 72, 76, 78, 81, 223, 226, 229, 230, 232, 252, 253, 255, 270, 276, 277, 278, 279, 280, 281, 284, 290, 291, 296, 298, 322, 323, 324
Goldschmidt 287
Gretzschel 296
Gries 9, 11, 14, 15, 28, 30, 200, 210, 247, 258, 263, 264, 265, 287, 323
Grimm 278, 296
Gristau 287
Groß 9, 34, 42, 179, 227, 229, 273, 274, 278, 284, 298, 300, 301
Großmann 296
Grubitz 126
Grund 31, 210, 237, 243, 256, 291
Grundmann 241, 297
Grünewald 62, 297, 324
Güntter 19, 297
Haase 24
Haeger 104, 279
Haejung 298

Haerter 297
Hahn 304
Halver 26, 236, 297
Hammer 26, 82, 273, 274, 297
Hansen 24, 288, 297
Harder 287, 299
Haring 287
Harms 300
Harten 86, 274, 304
Hartung 46, 274
Helms 297, 301
Hennig 34, 274, 297, 298
Hennigs 30, 298
Henning 35
Henschen 255
Hering 298, 304
Hermkes 245
Herntrich 122, 134, 274, 298
Herzberg 305
Hipp 298
Hirte 287
Hirzel 293
Hischer 262, 295, 304
Hitlers 303
Hoffmann 28, 38, 323
Höger 34, 284
Hölck 30, 104, 295, 296
Holl 30, 210
Hong 298
Hopp 9, 10, 11, 12, 13, 14, 15, 17, 18, 19, 20, 22, 23, 24, 25, 26, 27, 28, 29, 30, 33, 34, 35, 36, 37, 38, 39, 40, 42, 43, 44, 46, 48, 61, 62, 65, 66, 72, 76, 78, 81, 86, 118, 126, 128, 130, 131, 134, 168, 178, 184, 206, 223, 226, 229, 230, 232, 235, 236, 239, 240, 241, 242, 243, 245, 246, 252, 253, 266, 270, 271, 276, 277, 278, 279, 280, 284, 286, 287, 290, 292, 293, 295, 296, 297, 298, 299, 300, 322, 323, 324
Hopp, Edite 22, 242, 280, 292
Hopp, Manuel 296, 304, 323, 324
Hoppe 218, 274
Hübner 256, 274
Hüttmann 168, 287
Illian 235, 236, 299

Jäger 9, 10, 11, 12, 13, 14, 15, 17, 18,
19, 21, 22, 23, 24, 25, 26, 27, 28,
29, 30, 36, 37, 39, 40, 42, 43, 44,
48, 49, 51, 53, 58, 59, 61, 62, 66,
72, 76, 78, 81, 90, 91, 103, 116,
117, 122, 126, 128, 168, 176,
196, 222, 223, 225, 226, 229,
230, 232, 235, 236, 237, 239,
241, 242, 243, 244, 245, 252,
253, 255, 265, 266, 267, 269,
270, 271, 276, 277, 278, 279,
284, 285, 286, 287, 288, 290,
292, 295, 296, 299, 300, 322,
323, 324
Jäger, Emmerich 9, 15, 27, 230, 232,
252, 266, 267, 269, 286, 287,
292, 296, 299, 322, 323, 324
Jäger, Mechthild 25, 27, 48, 236
Jahn 62, 279
Jebsen 262, 287
Jerrentrup 239, 299
Jobs 30
Joos-Koch 146, 210, 299
Jordahn 162, 274
Jung 72
Junker 66, 180, 182, 279, 296, 306,
323
Jürgensen 287
Kamper 266
Kamphausen 197, 299
Kamps 16, 235, 303
Kanik 287
Kautzsch 300
Kemper 301
Kern 29
Kerp 287
Kersten 66
Kieker 100
Klée Gobert 23, 241, 301
KléeGobert 23
Kleineschulte 24, 301
Klemmt 194
Knasemann 287
Knoblauch 180, 274
Knolle 240, 301
Knuth 38, 142, 150, 274, 301, 305
Kock 134, 279
Köhler 288
Kohlwage 266, 301

Kollhoff 112, 274
König 301
Konrad 275, 304
Kopitzsch 295
Kraft 13
Krämer 304
Kröger 62, 150, 302, 324
Kühn 32, 96, 126, 127, 150, 178, 200,
302
Kühne 29
Kuhrts 247, 288
Kusske 294, 302
Lammers 288
Lampe 76, 252, 278, 296, 298, 323
Landenberger 288
Langmaack 16, 241, 271, 281, 284,
291, 293, 302
Larafoğlu 288
Lasch 266, 288
Lau 168, 288
Laux 288
Lensch 76, 274, 296, 298, 323
Lenz 100
Leo 277, 278
Lilie 288
Lilje 158, 202, 248, 274
Linck 270, 302
Lindenberg 302, 306
Lindner 202, 279
Linhardt 237, 302
Lobe 179, 302
Lodders 245
Lubitz 302, 303, 323
Luckey 78, 148, 200, 206, 279
Lüden 11, 15, 19, 21, 23, 24, 25, 26,
27, 28, 29, 90, 91, 103, 116, 117,
176, 222, 239, 270, 288, 292,
297, 306
Lüth 299
Lüttge 16
Mager 298, 304
Malsch 66, 241, 252, 253, 255, 258,
270, 274
Manshardt 54, 280
Mantze 288
Marcks 54, 184, 280
Matthäi 16
Mauritz 154, 274
Meder 96, 274

Mettel 13, 44, 280
Mewes 288
Meyer 288
Michaelis 81, 303
Mögelin 112, 280
Mohaupt 19, 22, 23, 303
Moje-Wohlgemuth 104, 280
Möller 288
Much 293
Müller 24, 126, 274
Münch 134, 281
Nagel 16
Nevermann 23, 26
Nicolaisen 305
Nissle 150, 301, 305
Ollesch 301
Otte 15, 288, 296, 297
Overlack 303
Paas 297, 303
Paasch 304
Pankoke 278, 303
Pantle 290, 291, 303
Papenbrock 291, 303
Petersen 14
Pietsch 288
Pirwitz 76, 96, 281
Pittkowski 46
Plagemann 301
Pleß 43, 44, 274
Pommerening 104, 295, 296
Pörksen 216, 252, 253, 255, 266, 269, 270, 274, 301, 303
Porsche 281
Postel 30, 254
Prehn 274, 297, 303
Prolingheuer 293, 303
Puffert 288
Querner 122, 126, 142, 281, 282, 283
Querner-Wallner 142, 281
Quiante 287
Rahe 38, 303, 304
Rauch-Wittlich 254, 281
Rauterberg 48, 274
Rebentisch 29
Reblin 134, 275
Rehder 30
Reißmann 270, 304
Renner 306

Renzing 104
Reumann 304
Rheinländer 19
Rietzler 304
Risch 262, 304
Rohrbeck 32, 96, 126, 127, 150, 178, 200, 302
Romanos 288
Rossié 295
Rothacker 78, 275
Rump 276, 294
Ruoff 304
Ruppelt 174, 275
Ruprecht 293, 303, 306
Rüther 100
Sander 245
Sandmann 16
Schade 243, 273, 304
Scharff 279
Scheel 28
Schiel 150, 275
Schiller 304
Schindele 295
Schlytter 54, 281
Schmarje 279
Schmidt 297, 303
Schneck 102, 275, 305
Schneider 168, 288
Schöfbeck 304
Schöffel 298
Schoop 304
Schramm 17, 293
Schreyer 32, 104, 154, 196, 304, 305
Schröder 40, 85, 126, 255, 324
Schubert 297
Schulz 255
Schulze-Herringen 230, 235, 236, 284
Schulze-Sölde 72, 281, 304
Schumacher 305
Schwarz 18, 303
Seeler 36, 54, 80, 81, 275
Seggern 24, 135
Seifert 22, 168, 275
Seitz 22
Sierig 134, 275
Soeffner 150, 301, 305
Sommer 13, 78, 275, 305
Stahncke 126

Stakemann 48, 235, 236, 243, 248, 275
Stakemann, Ortgies 248, 275
Steckner-Crodel 142
Stefani 295
Stehls 288
Steindorff 255
Steinfath 18, 21, 22, 23, 25, 27, 30, 96, 134, 168, 196, 224, 253, 271, 286, 288, 292, 305, 323
Stetenbuhr 288
Stockhausen 82, 104, 134, 158, 162, 166, 269, 270, 282, 304
Stolt 134, 297, 305
Stöter 288
Strauer 287
Streb 28, 244, 245, 285
Struve 296
Stuhlmüller 282
Suhr 288
Sundermann 202, 275
Theilmann 288
They 288
Thiele 300, 305
Thun, v. 29
Tiesler 184
Timm 66, 270, 275, 305
Trautwein 245
Traxel 282
Tröstler 29
Tügel 40, 275, 298, 304, 305
Turcan 287
Uhlhorn 148, 275
Ulmer 62, 66, 282
Ulrich 288, 290, 296, 300, 303
Usarski 30
Valentin 268, 294

Vennebusch 179, 302
Viering 72, 172, 239
Vogt 275
Voigt 29, 275, 305
Völkel 162
Vollmer 30, 271
Vollstedt 192, 275
Volz 267, 305, 306
Vossen 279, 306
Voth 104
Wachs 206, 275
Wagner 293
Wallisch 29
Wallner 126, 128, 241, 281, 282
Warns 297, 306
Weber 150, 168, 283, 322
Wegner 288, 301
Wempe 16, 271
Wendland 291, 306
Weßeler 300, 305
Wesselmann 33, 72, 172, 239
Wester 32, 196, 216, 305
Wilhelmi 306
Will 66
Wille 276, 306
Witt 128, 275
Witte 23, 26, 254
Wittig 303, 305
Wittmann-Englert 306
Woebke 62
Wohlhüter 30, 262, 275
Wölber 32, 255, 322
Zacharias-Langhans 62, 66, 275
Zess 245
Zimmermann 26, 306
Zwanck 255

7.5 Orts- und Straßennamen

Abendrothsweg 102
Adelby 192, 275, 277, 278
Adelby/Flensburg 192, 275, 278
Agathe-Lasch-Weg 266, 269
Ahlerstedt 58
Ahrensbök 278, 296
Ahrenshoop 280
Allgäu 306

Alsterdorf 30, 32, 76, 253, 254, 274, 278, 281, 292
Alsterdorfer 254, 255, 292, 296, 298, 323
Alsterdorferstraße 254
Altona 12, 26, 36, 38, 82, 174, 230, 235, 254, 274, 282, 284, 297, 299, 301

Altona-Bahrenfeld 36
Altstadt 31, 134, 168, 184, 235, 273, 274, 275, 277, 278, 279, 281, 282, 283
Aukrug 194
Badestraße 279
Balje 29, 40, 61, 223, 229, 274, 300
Bargstedt 148, 275, 277, 279, 300
Barmbek 306
Barmen 12
Bayern 262
Berlin 12, 235, 280, 295, 297, 305, 306
Berne 30, 300
Bethel 15, 130, 131
Bielefeld 14, 15, 19, 23, 24, 130, 184, 280, 295, 297
Bielefeld-Bethel 130
Billhorn 178
Bodstedt 42, 304
Bonn 294
Born 12, 17, 43, 44, 324
Borstel 34, 66, 274, 275, 278, 279, 282, 296, 301, 305, 323
Bramfeld 29, 36, 54, 80, 81, 206, 275, 279, 303
Bramfeld/Hellbrook 206, 275, 279
Braunschweig 293, 302
Breklum 252, 266, 269, 270, 298
Bremen 230, 235, 236, 284, 302
Bremervörde-Zeven 53
Brooktorkai 15
Brunzema, Liesbeth 30
Büchen 86, 196, 225, 274, 300
Büchen-Pötrau 300
Bugenhagenstraße 23
Burgstraße 36
Buxtehude 14, 208, 212, 278
Chicago 293
Coburg 262, 263, 275
Coerdesstraße 118
Dänemark 14
Danzig 13, 236, 271
Danzig/Westpreußen 271
Darß/Born 12, 13, 17, 43, 44, 274, 280
Deutschland 13, 252, 269, 278, 290, 294, 295, 303, 304
Dirschau 271

Dorotheenstr 282
Dresden 295, 302
Düneberg/Elbe 38, 39, 274
e 294
Ebertallee 271
Eichhof 39
Eidelstedt 174, 188, 275, 282
Eilbek 175, 282
Eimsbüttel 88, 92, 102, 126, 244, 274, 275, 277, 285
Elsdorf 53
Eppendorf 34
Erdkampsweg 301
Eutin 296
Falkenburg-Ganderkesee 248, 275
Flemendorf 304
Flensburg 14, 38, 142, 162, 166, 167, 214, 216, 217, 273, 274, 276, 277, 281, 282
Flensburg-Mürwick 273
Flottbek 179, 271, 273, 278, 302
Flurstraße 106
Föhr 27
Frankfurt 280, 294
Fredenbek 29, 180, 274, 279, 282
Friedhofstraße 36
Fuhlsbüttel 62, 66, 150, 273, 275, 279, 282
Geesthacht 38, 39
Göttingen 293, 294, 303, 306
Grindelallee 88, 252, 258
Grindelberg 14, 15, 28, 92
Groß-Borstel 34, 42, 274, 284, 298, 301
Hadeln 100
Halle 41, 277
Halstenbek 188
Hamburg 9, 10, 12, 13, 14, 15, 16, 17, 18, 19, 20, 21, 22, 23, 24, 26, 27, 28, 30, 31, 32, 34, 36, 40, 81, 82, 102, 126, 128, 150, 200, 218, 225, 230, 235, 240, 241, 242, 244, 245, 252, 253, 254, 255, 266, 267, 271, 273, 275, 276, 277, 279, 281, 282, 284, 287, 292, 293, 294, 295, 296, 297, 298, 299, 300, 301, 302, 303, 304, 305, 306, 322, 323, 324
Hamburg-Fuhlsbüttel 150, 324

Hamburg-Hoheluft-Ost 102
Hamburg-Hoheluft-Ost; 102
Hamburg-Hummelsbüttel 300
Hamburg-Hummelsbüttel; 300
Hamburg-Wellingsbüttel 294, 296, 323
Hamburg-Wellingsbüttel; 294
Hamburg-Winterhude 9
Hamdorf 287
Hamm   33, 72, 90, 172, 222, 225,
   238, 239, 240, 243, 271, 273,
   274, 276, 277, 278, 282, 293,
   295, 299, 300, 306, 324
Hamm/Westf 222, 243
Hamm-Norden 33, 72, 276, 277, 278,
   293, 295, 300
Hamm-Süd 271
Hangö 305
Hannover 212, 236, 297
Harburg 288
Heide 198, 294
HH-Altstadt 40, 240, 242, 273
HH-Bramfeld/Hellbrook 276
HH-Eimsbüttel 258, 274
HH-Groß 271
HH-Klein-Borstel 252
HH-Lurup 276
HH-Schmalenbek 276
Hindenburgstraße 256
Hölderlinstr 279
Holgarten 262
Holstenkamp 36, 37
Horn 122, 274, 281, 296
Hummelsbüttel 62, 96, 229, 274, 278,
   281, 282
Husum 301
Innien-Aukrug/Rendsburg 194
Istanbul 287
Jerusalem 252
Julius-Heywinkel-Weg 190
Kassel 302
Keitum 46
Kenz 304
Kiel 22, 38, 39, 292, 294, 297, 302,
   303, 304, 305
Kirchenweg 62, 253, 254
Kirchstraße 184
Kirchweg 44
Klein-Borstel 300
Köln 298, 303

Königsstraße 13
Königstein 302
Königsweg 130
Konitz 271
Konstanz 240, 277
Kriegerdankweg 128
Lamstedt 29, 100
Lauenburg 38
Leipzig 298
Lengerich 247
Leopoldstraße 262
Lienaustraße 78
Lilienthal 230, 232, 235, 236, 284
List/Sylt 46, 274, 324
Löblau 271
Lurup 106, 273
Maienweg 150
Mannesallee 112
Manshardtstraße 122
Marburg 298
Marseille 277
Mittelweg 266
Mönchskamp 81
Moorfleet 200, 278
Mühlenweg 178
Mulsum 29, 48, 230, 235, 236, 243,
   274, 275, 284, 324
München 166, 303, 304, 305
Münster 29, 118, 140, 273, 278, 295,
   304
Mürwik 142, 274, 276, 281
Müsing / Starnberg 281
Neuburgweier/Karlsruhe 295
Neumünster 297, 304
Niederlande 14
Niendorf 218, 274
Nienstedten 30, 266, 274, 281
Nortorf 194
Oesingen 300
Ohlsdorf 150, 254, 275, 276, 277,
   283, 301, 324
Ohlsdorf-Fuhlsbüttel 150, 301
Opladen 295
Osnabrück 190, 273
Osterholz-Scharnberg 284
Othmarschen 253, 254, 266, 269,
   270, 279
Ottensen 26, 36, 82

Ottenser Marktplatz 82
Pommern 42, 43, 223, 227
Poppenbüttel 96
Poststraße 13, 18, 25, 28
Pötrau 86, 274
Prerow 43, 274
Rabenstraße 17, 293
Rahlstedt/Farmsen-Berne 78, 275, 279
Regensburg 304
Rendsburg 256, 273, 274
Rheine/Westfalen 15, 30, 146, 210, 299
Rheinländer 10, 11, 15, 16, 17, 18, 19, 27, 28, 29, 256, 292
Rostock 253
Rotenburg 202, 274, 275, 279
Rotenhäuser Damm 112
Rothenbaumchaussee 16
Rothenburgsort 178
Rottweil/N 268
Rupertistraße 278
Rupertistraße 266, 267
Sandersweg 158
Sareptaweg 130
Schäferhof 270
Scheeßel 286
Schleswig 32, 80, 167, 252, 254, 256, 266, 292, 297, 299, 301, 303, 304, 305
Schleswig-Holstein 32, 80, 167, 252, 254, 256, 266, 292, 297, 299, 301, 303, 304, 305
Schleswig-Holsteinische 254, 256, 297
Schleswig-Holsteinischen 256, 297
Schleswig-Holsteins 32, 299, 304
Schmalenbeck 154, 274
Schnelsen 128, 275, 283, 284
Schweden 14
Schweiz 14, 262, 304
Sievekingsallee 90
Sittensen 50
Soest 14, 72, 277
Stade 30, 48, 50, 61, 158, 274, 275, 282, 284, 300, 324
Starnberg 281
Steinstraße 16
Stormarn 32, 305
Stübeheide 66
Stuttgart 12, 235, 237, 279, 282, 302, 303, 322
Sundern 226, 301
Taunus 302
Teddington 294
Wandsbek 30, 104, 175, 279, 281, 282, 296, 322
Wellingsbüttel 16, 29, 54, 273, 275, 280, 281, 284, 294, 301, 306, 322
Wentorf 116
Westfalen 13, 15, 19, 210, 225, 238, 239, 240, 292, 295, 299, 324
Westfalen-Lippe 295
Wilhelmsburg 112, 273, 274, 278, 280
Wyk 27
Zürich 166, 281, 304

7.6 Themen-Index

Abbildung 22, 26, 35, 36, 40, 42, 43, 174, 196, 246, 262, 287
Abbildungen 17, 34, 38, 242
Abendblatt 21, 22, 126, 292, 296
Abendmahl 32, 81, 278
Adox-Filme 24
Adventhaus 277
Advent-Haus 92, 277
Adventisten 92
Adventskirche 128, 275, 283, 284
Afrikaner 266, 270
Altar 26, 31, 32, 37, 47, 48, 77, 79, 81, 100, 240, 255, 268, 278, 296, 298, 323
Altarbild 82, 118
Altarleuchter 81
Altarmosaik-Pantokrator 104
Altarraum 39, 166, 210, 240, 281
Altarraumfensters 277
Altarraums 34
Altarwandbild 32
Alt-Bürgermeister 40
Altenheim 131

Altfreunde 268
Alt-Hamburg 304
Altonaer-Bekenntnis 12
Altstädter 23, 24, 184, 280
Andachtsraum 223, 253, 254
Arbeitsbeschaffungs-Programmen 13
Arbeitsdienst 230, 235, 236, 237, 295, 299
Arbeitslagerbewegung 295
Architekt 15, 30, 34, 128, 224, 230, 232, 235, 236, 245, 270, 284, 285, 286, 287, 288, 295, 296, 323, 324
Architekten 9, 12, 13, 15, 16, 17, 22, 23, 26, 27, 28, 29, 39, 44, 81, 230, 235, 241, 244, 245, 264, 268, 272, 276, 277, 281, 284, 286, 290, 291, 292, 293, 296, 299, 303, 322, 323, 324
Architektenarbeitsgemeinschaft 15, 26
Architekten-Arbeitsgemeinschaft 28
Architektenehepaar 158
Architekten-Ehepaar 284
Architektenkollegen 13, 14
Architektur 9, 12, 14, 17, 27, 29, 235, 273, 284, 291, 294, 296, 302, 322
Architekturarchiv 9, 10, 15, 28, 292, 303, 322, 323
Architekturbüro 10, 11, 12, 13, 14, 15, 16, 17, 25, 27, 28, 29, 30, 223, 224, 235, 245, 253, 271, 279, 286, 291, 322, 323
Architekturfotografin 28
Archiv 10, 16, 18, 20, 24, 29, 30, 32, 33, 126, 180, 184, 194, 242, 245, 254, 255, 256, 271, 277, 290, 292, 296, 302
Asiaten 266, 270
Auferstehungskirche 106, 154, 273, 274, 276
Ausmalung 43, 81, 166, 192
Ausmalungen 13
Ausstellung 12, 17, 38, 235, 257, 277, 280, 284, 291, 293, 295, 297, 298, 303
Balken 39, 54, 232, 236, 237, 243
Bargstedt 148, 300
Bauabteilung 18, 20, 25, 30, 41, 240, 292

Bauherr 19, 22, 104, 245, 323
Bauleitung 27, 96, 134, 158, 236, 262, 284, 288
Bauprojekt 10, 15
Baustil 290
Bauzeichnung 20, 44, 240, 273
Bekenntnis 12, 26, 38, 252, 266, 268, 290, 295, 297
Beleuchtungskörper 58
Berne 300
Besprechungszimmer 18
Betonglasfenster 112
Bezirksamt 28, 244, 285, 322
Bibelkreise 12, 236, 268, 306
Bibelworte 54
Bilddokumentation 32
Bildhauer 13, 17, 44, 276, 278, 280, 281, 283, 293
Bildhauerin 279, 282
Bildweberin 283
Biografie 268, 278, 284, 294, 295, 296, 305, 323, 324
Bischof 23, 26, 32, 122, 134, 196, 216, 240, 254, 255, 256, 274, 275, 298, 305, 322
BK-Arbeit 12
Bodelschwingh-Briefe 131
Brief 42, 43, 80, 131, 235, 252, 253, 266, 277, 293, 304
Bronzearbeit 96, 278, 283
Büchen_Pötrau 300
Bürgermeister 14, 19, 23, 26, 232, 255
Büro 13, 14, 15, 16, 20, 25, 28, 29, 224, 270, 273, 287
Carl-Malsch-Haus 254, 274
Catharinen 20, 279
Christenkreuz 291, 295
Christianskirche 26, 82, 274, 282
Christians-Kirche 301
Christophorushaus 256, 273, 274
Christophoruskirche 96, 214, 229, 274, 278, 281, 282, 300
Christus 34, 42, 104, 274, 279, 280, 282, 284, 298
Christus-Darstellung 42
Christuskirche 30, 104, 142, 188, 269, 270, 273, 274, 276, 279, 281, 282
Conti-Fotos 22

CVJM 12, 268, 270
Dankeskirche 271
Datenbank 270, 271
Datierung 19, 23
DCSV 230, 236, 237, 268, 298
Deckenbemalung 179
Demokratie 299
Denkmalpflege 14, 241, 277, 292, 293, 295, 302
Diakonenausbildungsstätte 275
Diakonie 248
Diakonisch-soziales-Zentrum 262, 275
Diakonissenmutterhaus 118, 130
Diederichsen 142, 256, 273, 286, 295, 303
Dietrich 150, 275, 277, 295
Digitalisat 17, 27, 28, 271, 292
Direktorenhaus 248, 251
Dorfkirchen 294
Eben-Ezer-Kirche 102, 275
Ehepaar 12, 48, 282, 283, 284
Ehrenmal 12, 235
Ehrentafel 40
Eingang 39, 102, 112, 154, 243, 253, 262
Einweihung 9, 10, 23, 31, 46, 48, 53, 92, 168, 274
Einweihungen 274
Einweihungsdatum 33, 266
Einwölbung 19, 23
Elbtunnel-Bau 270
Emmauskirche 112, 273, 274, 278, 280
Empore 47, 79, 100, 243
Erinnerungen 256, 280, 288, 295, 305, 323
Ev. Kunstdienst 295
Fachwerkdeutungen 296
Familie 12, 25, 33, 243, 252, 253, 266, 279, 295, 299
Fehrs-Gilde 296, 323
Fenster 23, 39, 77, 128, 130, 166, 241, 256, 257, 269, 277
Festschrift 10, 30, 32, 126, 140, 146, 196, 210, 270, 277, 292, 299, 301
Festtagsbilder 77
Filme 28
Fischerkirche 13, 17, 44, 274, 280, 324

Fliegerhorst 46
Flüchtlings-Kirchenbaracke 116
Fotoalbum 18, 25, 290
Fotoapparat 25
Fotoatelier 25
Fotoaufträge 16
Fotoband 18, 22, 28, 263, 265, 292
Fotobestand 292
Fotobeständen 29
Fotodokumentation 9, 10, 11, 14, 15, 16, 17, 18, 19, 21, 23, 25, 26, 27, 28, 29, 30, 32, 40, 42, 44, 72, 126, 135, 175, 210, 222, 233, 234, 253, 256, 263, 264, 288, 299, 306
Fotoentwicklung 25
Fotograf 10, 15, 16, 17, 24, 25, 26, 28, 40, 263, 266
Fotomontage 21, 24
Fotosammlung 16, 27, 290, 323
Fotosammlungen 15, 29
Foto-Urheber 140
Freistellung 23
Fresken 166
Friedenskirche 30, 38, 78, 275, 279, 300
Friedhof 36, 37, 38, 39, 218, 227, 229, 274
Friedrichsen 287
Frömmigkeit 252, 269
Garnisonskirche 46, 142, 274, 276, 281
Gebäude 10, 17, 23, 24, 25, 27, 38, 210, 235, 243, 245, 252, 253, 254, 256, 266, 267, 269, 270, 290
Gebäude-Modellen 25
Gedenktafel 168
Gemeinde 10, 14, 29, 32, 33, 34, 290, 298, 305
Gemeindebezeichnung 194
Gemeindehaus 14, 33, 66, 71, 78, 79, 106, 142, 150, 158, 174, 188, 202, 206, 218, 252, 270, 271
Gemeindekirche 12, 299
Geschichte 24, 32, 38, 76, 122, 232, 252, 254, 292, 294, 295, 296, 297, 298, 299, 302, 304, 305, 306
Gestühl 51

Glasfenster 235, 241, 254, 268, 276, 281
Glaskünstler/in 240, 254, 268, 277, 281, 282
Glocke 38, 126
Goldschmiedin 252
Gottesdienst 81
Gotteshaus 126, 294
Grabmal 39, 243, 282
Grindelhochhäuser 15, 244, 285
Groß-Hamburg-Gesetz 9
Grundstein 140, 254
Hakenkreuz 291, 295, 297, 303
Hamm 300
Handewitt 216, 300
Handweberei 280
Handwerker 22, 27, 231, 239
Hauptkirche 14, 18, 19, 20, 22, 26, 27, 40, 223, 240, 241, 277, 301, 303, 305, 323
Hauptpastor 21, 22, 23, 40, 240, 241, 252
Heimat 15, 294
Heimatbuch 293
Heimatkirche 297
Hochglanzfotos 18, 290
Hochhäuser 14, 28, 244
Hochzeit 48, 236
Holzbildhauer 72, 280
Holzkonstruktion 13, 237
Holzplastiken 13, 44
Hummesbüttel 300
Idealentwürfe 12
Innenaufnahme 17, 19, 254, 256
Innenräume 11, 13, 14, 25, 48, 166, 256
Internet 10, 15, 29, 36, 42, 82, 102, 118, 150, 162, 188, 194, 263, 277, 292, 300
Jacobikirchhof 168, 243
Jacobi-Park 175, 282
Jacobiturm 19, 21, 22
Johanneskapelle 178
Johanneskirche 33, 72, 240, 273, 274, 276, 277, 278, 282, 293, 295, 300, 306, 324
Johann-Gerhard-Oncken-Kirche 88
Johanniskirche 30, 158, 274, 282, 284, 300

Johanniskirche_Stade 158, 282, 300
Judentum 302
Jugendarbeit 12, 295
Jugendbewegung 295
Jugendlager 270
Jugendpflege 295
Julius-Köbner-Kapelle 90, 222
Juwelierfilialen 16
Kamera-Ausrüstung 27
Kanzel 31, 47, 48, 81, 166, 280
Kapelle 9, 13, 14, 17, 36, 37, 39, 78, 118, 130, 229, 254, 268
Katharinen 14, 18, 25, 27, 126, 134, 135, 210, 242, 271, 274, 275, 278, 279, 281, 282, 299, 301, 305, 323
Kindergarten 72, 142, 154, 202, 271
Kindergärten 14, 33
Kirchbau 9, 10, 11, 13, 14, 15, 16, 28, 29, 32, 37, 223, 224, 226, 229, 236, 239, 271, 284, 290, 291, 293, 294, 295, 299, 300, 301, 302, 303, 304, 305, 306, 322, 323
Kirchenbaumeister 13, 30, 296, 300, 323, 324
Kirchen-Bibliothek 252, 258
Kirchenfenster 230, 282
Kirchengeräte 277
Kirchenkalender 266, 292, 298, 303
Kirchenkampf 266, 301, 303
Kirchenkampfes 304, 306
Kirchenkreis 20, 32, 61, 210, 256, 271, 274, 292, 304, 305
Kirchenkunst 282, 293
Kirchenmodell 184
Kirchenneubau 14, 96, 178, 206
Kirchenpädagogik 297
Kirchenraum 48, 102, 162, 184
Kirchensiegel 35
Kirchenumbau 29, 62, 78, 104
Kirchen-Unziale 40
Kirchgebäude 9, 223, 248, 296, 298, 323
Kirchturm 17
Kirchweihfest 300
Kleinkirchen 13
Konfirmandenraum 70
Konsistorium 271, 299
Körperbehinderte 262, 295, 304

Krankenhaus 13, 14, 247, 271, 292
Krankenhausaufenthalt 22, 23
Kreuz 134, 148, 206
Krieg 13, 14, 172, 226, 243
Kriegsbeginn 13, 226
Kriegsdienst 12
Kriegsende 252
Kriegs-Gedenkmal 305
Kriegsgefangener 306
Kriegsverletzung 15
Kriegszeit 13, 77, 271, 272
Kruzifixus 39, 96, 168, 180, 182, 268, 279
Krypta 72
Kultgegenstände 12
Kultschaffen 302
Kunst 12, 13, 14, 27, 166, 210, 230, 235, 276, 277, 279, 284, 291, 292, 293, 294, 295, 296, 297, 298, 300, 301, 302, 303, 306, 322
Kunstdenkmale 301
Kunst-Dienst 293, 295, 297, 302
Kunstgeschichte 9, 297
Kunsthandwerk 295
Künstler/in 11, 12, 13, 29, 31, 44, 46, 48, 54, 61, 62, 66, 72, 76, 78, 82, 86, 92, 96, 102, 104, 106, 112, 118, 122, 126, 128, 130, 134, 142, 148, 150, 154, 158, 162, 168, 172, 178, 179, 180, 184, 188, 190, 192, 198, 200, 202, 206, 208, 212, 214, 218, 231, 239, 241,248, 258, 276, 277, 278, 280, 281, 290, 294, 296, 301, 304, 323, 324
Kunstmaler 12, 230, 235
Kunstpastor 277
Kunstverein 17, 44, 293, 302
Kunstwerk 82, 240, 280, 282, 296, 301, 303, 323, 324
Kupfer-Falzbleche 19, 22
Lampen 25
Landesbischof 40, 304
Landeskirche 27, 32, 236, 253, 254, 256, 271, 292, 297, 302, 304, 305
Landeskirchenamt 225, 242, 243, 292, 304
Landeskirchenamtes 23, 297
Laurentiuskapelle 248, 250

Leineneinband 18, 263
Lesepult 255
LKA-Hannover 273
Lukas 279, 301, 324
Lukaskirche 62, 253, 273, 275, 279, 282
Lutherkirche 29, 32, 36, 54, 180, 273, 274, 275, 280, 281, 284, 296, 301, 306, 323
Lutherkirchengemeinde 294
Lutherstift 275
Luthertext 243
Malerarbeit 81
Malerin 281
Malermeister 81
Malschule 279
Mandorla 65
Maria-Magdalenen 300
Maria-Magdalenen-Kirche 19, 32, 66, 81, 274, 275, 278, 279, 282, 296, 300, 322, 323
Marienkirche 150, 162, 196, 227, 274, 282, 300, 302
Marinestützpunkt 46
Markuskirche 190
Matthäuskirche 29, 140, 273, 278, 303
Melanchton-Gemeinde 271
Metallbildhauermeisterin 277
Methodistengemeinde 102
Methodistenkirche 102, 275
Mission 266, 269, 270, 299
Missionsakademie 30, 252, 266, 267, 274, 278, 306
Missionsdirektor 252, 266
Missionshaus 266
Modell 10, 15, 19, 21, 22, 24, 25, 244, 245, 262, 270
Modellfoto 21, 25, 262, 270
Mosaik 92, 266, 278
Mutterhaus 118
Nachkriegskorrespondenz 280
Nachkriegsmoderne 306
Nachkriegsumgestaltungen 54
Nachkriegszeit 14, 15, 24, 26, 31, 33, 253, 276, 277, 290, 293, 302
Nachlass 9, 10, 21, 22, 23, 24, 25, 26, 27, 28, 30, 58, 59, 65, 80, 126, 131, 196, 244, 253, 266, 271,

277, 279, 286, 288, 292, 295, 322, 323

Nationalsozialismus 13, 14, 235, 280, 290, 291, 292, 293, 294, 295, 297, 299, 302, 303, 304

Nazi-Opfer 305

Negative 27, 28

Nicolai 40

Nicolaikirche 166, 184

Nicolauskirche 32, 296, 298, 323

Nikolai 19, 23, 24, 167, 184, 200, 223, 241, 277

Nikolaikirche 23, 167, 184, 200, 241, 277, 280

Nikolaikirche / FL 167

Nikolai-Turmhelm (BI) 23, 24

Nikolaus 278

Nordelbien 32, 252, 254, 256, 304

Nordkirche 18, 194, 256, 269, 271, 292

Nothilfe 237, 302

Notkirche 41, 128

Notkirchenprogramm 284

NSDAP 292

NS-Diktatur 299

NS-Vergangenheit 302

NS-Zeit 13, 14, 280, 290, 291

NS-zeitliche 291

Oberalter 19

Orgel 54, 76, 167, 210

ORh 16, 17, 40, 44, 45, 46, 54, 55, 56, 57, 62, 63, 64, 65, 66, 67, 68, 69, 70, 71, 72, 73, 74, 75, 76, 77, 78, 79, 82, 83, 84, 86, 88, 89, 92, 93, 94, 95, 96, 97, 98, 99, 104, 105, 106, 107, 108, 109, 110, 111, 118, 119, 120, 121, 122, 123, 124, 125, 128, 129, 130, 131, 132, 133, 134, 136, 137, 138, 139, 143, 144, 145, 148, 149, 150, 151, 152, 153, 154, 156, 157, 158, 159, 160, 161, 162, 163, 164, 165, 168, 169, 170, 171, 172, 173, 174, 178, 181, 182, 183, 185, 186, 187, 189, 190, 191, 193, 198, 199, 200, 201, 202, 203, 204, 205, 206, 207, 208, 209, 214, 215, 218, 219, 220, 221, 241, 247,

248, 249, 250, 251, 256, 257, 258, 259, 260, 261, 262, 263, 292

Originalzustand 29

Osterkirche 29, 80, 175, 275, 282

Osterkirche_Jacobipark_Eilbek3_Tafel 175

Parament 254, 268, 276

Pastorat 14, 33, 38, 48, 66, 71, 72, 96, 106, 122, 142, 150, 154, 158, 179, 202, 218, 271

Paul-Gerhard-Kirche 30, 210, 274

Pauluskirche 172, 174, 225, 238, 239, 240, 243, 273, 275

Petri 212, 230, 235, 240, 241, 252, 277, 278, 301, 324

Philippuskirche 122, 274, 281, 296

Phrix 267, 268

Plastiken 276, 280

Polier 22

Praktikum 286, 287

Presbyterium 299

Propst 38, 142, 174, 252, 255, 256, 274, 275

Propsteizentrum 256

Rauhes Haus 12, 230, 235, 277, 280, 293, 298

Reduktion 290, 303

Relief 81, 104, 142

Renovierung 9, 11, 13, 14, 29, 48, 58, 76, 80, 82, 86, 100, 126, 131, 162, 172, 179, 184, 194, 200, 208, 212, 214, 216, 230, 232, 235, 238, 242, 248, 278

Restaurierung 14, 18, 192, 214, 218, 239, 278

Retabel 31, 278

Richtfeier 19, 21, 22, 23, 26, 104, 168

Robert-Schumann-Brücke 104

SAGA 245, 255

Sakristei 48

Sarepta 130, 131

Scans 17, 23

Schnitzwerk 280

Schriftform 37

Schule 235, 262, 295, 304

Schülerbibelkreise 270, 295

Schutz-Staffel 292

Seemannskirche 43, 274

Sieben-Tags-Adventisten 92, 277

Siegel-Entwürfe 35
Silberarbeiten 282
Sozialdemokraten 26
St.Jacobi 14, 18, 19, 21, 22, 23, 24,
  25, 26, 27, 30, 31, 40, 146, 168,
  175, 210, 223, 241, 242, 243,
  271, 273, 275, 277, 278, 282,
  283, 298, 299, 301, 303
St_Primus 300
Staatsbauten 305
Stadtkirchen 14
Stadtsilhouette 14, 21
Stahl-Skelett-Bauweise 246
Standortkirche 142
Statiker 253
Steinstraßenschiff 19
Stephanuskirche 126, 274
StJacobi 21
StLukas 301
StMarien 300, 302
StPeter 34, 301
StPeter_Groß-Borstel 34
StPrimus 148, 275, 277, 279, 300
Streitshof 13, 25
Studenten 230, 252, 254, 258, 266,
  298
Studentenarbeit 12
Studentengemeinde 252, 258, 274
Studentenpastor 252, 255
Studenten-Vereinigung 298
Studentenwohnheim 30, 252, 253,
  258, 266, 270, 274
Sturmflut 23
Sundern 301
Superindententur 271
Symbol 12, 38, 39, 293, 294, 298,
  299
Synode 12, 256
Tagebuch 10, 22, 271, 280, 286
Taufbecken 31, 72
Taufstein 31, 276, 280, 306
Thomas-Kirche 29, 206, 275, 276, 279
Tiersymbole 21, 39
Treppenhaus 92, 225, 242, 243, 254
Turm 11, 14, 20, 21, 22, 23, 53, 70,
  78, 79, 82, 96, 104, 128, 134,
  148, 168, 172, 184, 190, 191,

198, 210, 227, 229, 232, 233,
  234, 275, 277
Turm-Gestaltung 19, 21, 22, 23, 24,
  26, 168, 172, 184, 238, 239
Turmhalle 23, 31, 40, 53, 100, 168,
  223, 240, 241, 277, 298
Turmsanierung 100
Umbau 9, 11, 16, 54, 57, 77, 166,
  179, 194, 241, 271, 278, 296,
  298, 301, 323
Universität 22, 267, 294, 302, 303,
  304, 306, 322
Urgermanen 39
Wandbehang 206, 254
Wandgemälde 77
Wandleuchter 48
Wandmalerei 31, 92, 305
Webseite 146, 166, 174, 191, 233,
  253
Wellingsbüttel 301
Weltausstellung 293
Weltkrieg 12, 13, 28, 53, 277, 280,
  284, 290, 294, 296, 322, 323, 324
Wendeltreppe 40, 41
Werkhaus 12
Werkkunst 284
Wettbewerb 10, 12, 28, 39, 72, 142,
  154, 158, 202, 235, 262, 284,
  291, 305
Widerstand 305
Wiederaufbau 13, 14, 18, 19, 22, 23,
  26, 27, 31, 53, 112, 134, 168,
  172, 184, 240, 241, 271, 284,
  299, 302, 305, 323
Wiedereinweihung 26
Wiederherstellung 23, 24, 27, 239,
  241, 301
Wiesenkirche 277
Wikipedia-Artikel 102, 128, 162, 196,
  227, 229, 232, 248, 282
Wohnheim 254
Zeichensaal 25
Zeichentischen 25
Zeichner/in 282, 286, 288
Zeichnungen 20, 25, 51, 59, 299
Zeichnungskennung 265
Zentralbau 270
Zionskirche 131
Zweigbüro 15

Zu den Autoren:

Dr. Uwe Gleßmer (Jahrgang 1951) ist Privatdozent für Altes Testament. Er wurde 1982 nach seinem Vikariat in der Gemeinde Maria-Magdalenen von Bischof Wölber zum Pastor ordiniert, arbeitete bis 2013 mit kurzzeitigen Unterbrechungen an der Universität Hamburg. Seit seinem Ruhestand ist er ehrenamtlich am Geschichtsprojekt der Lutherkirchen-Gemeinde in Hamburg- Wellingsbüttel engagiert sowie an dem Dokumentationsprojekt zum Architekturbüro Hopp und Jäger (www.huj-projekt.de). – Auf dem Hintergrund der Erschließung des umfangreichen Fotomaterials des Hamburgischen Architekturarchivs widmet er sich in besonderer Weise den von H&J vor dem Zweiten Weltkrieg im Norden Hamburgs gestalteten Kirchbauten sowie den damit verbundenen historischen Zusammenhängen.

Dipl. Ing. Emmerich Jäger (Jahrgang 1943), Sohn des Architekten Rudolf Jäger (1903-1978) hat nach einer Betonbauerlehre sein Architekturstudium an der Staatsbauschule Stuttgart (u.a. bei Prof. Paul Stohrer) begonnen (1966-1969), war danach zwei Jahre in einem Architektur-büro in Stuttgart tätig, um von 1971-1973 (wieder zurück in Hamburg) an der Hochschule für Bildende Künste mit den Schwerpunkten Architektur sowie Stadt- und Regionalplanung sein Studium abzuschließen (Diplom bei Prof. Jos Weber). Über 30 Jahre lang war er im Bezirksamt Hamburg-Wandsbek in der Stadtplanungsabteilung tätig.
Seit dem „Unruhestand" kann er sich u.a. seinen Interessen an Kunst und Architektur widmen. Durch die Aufbereitung und Übergabe des Nachlasses seines Vaters an das Hamburgische Architekturarchiv 2013 hat er eine wichtige Grundlage für das ‚Dokumentationsprojekt zum Architekturbüro Hopp und Jäger' gelegt.

8   Beiträge zum Hopp-und-Jäger-Projekt

Im Zusammenhang mit dem Hopp-und-Jäger-Projekt sind die folgenden Texte erschienen, in Vorbereitung oder für die nähere Zukunft geplant:

- Ein Informationsblatt zum Projekt skizziert die zu Beginn im Juli 2014 formulierten Ziele sowie die geplanten Beiträge derjenigen Mitarbeiter, die 2017 in der Projekt-Kooperation Einzelthemen bearbeiten (www.huj-projekt.de/downloads/hopp_u_jaeger-flyer.pdf.)

- Uwe Gleßmer / Alfred Lampe: Kirchgebäude in den Alsterdorfer Anstalten: Die Umgestaltungen der St. Nicolauskirche, Friedrich K. Lensch (1898-1976) und Deutungen des Altar-Wandbildes.- Books on Demand, Norderstedt 2016 [ISBN: 978-3-739212982] [zweite, korrigierte und erweiterte Auflage]

- Uwe Gleßmer / Emmerich Jäger: Zur Entstehungsgeschichte der Gemeinde in Klein Borstel und der Kirche Maria-Magdalenen als Bau- und Kunstwerk der Architekten Hopp und Jäger mit dem Maler Hermann Junker.- Books on Demand, Norderstedt 2016 [ISBN: 978-3-739244167]

- Uwe Gleßmer / Emmerich Jäger: Projektbericht Nr. 1 zum Hopp-und-Jäger-Projekt. (Stand: März 2016) [Beitrag zum Hopp-und-Jäger-Projekt Nr. 3].- Books on Demand, Norderstedt 2016 [ISBN: 978-3-842326897]

- Uwe Gleßmer / Günther Engler: Die Lutherkirche in Hamburg-Wellingsbüttel als Bau- und Kunstwerk der Architekten Bernhard Hopp und Rudolf Jäger . [Beitrag zum Hopp-und-Jäger-Projekt Nr. 4].- Books on Demand, Norderstedt 2016 [ISBN: 978-3-741253713]

    - Uwe Gleßmer: Zur Biografie von Pastor Christian Boeck (1875-1964) Viele Jahre im Dienste der Kirche und der Fehrs-Gilde. [in Zusammenarbeit mit Marianne Ehlers herausgegeben von der Fehrs-Gilde].- Books on Demand, Norderstedt 2016 [ISBN: 978-3-741274527]

- Uwe Gleßmer / Emmerich Jäger / Manuel Hopp: Zur Biografie des Kirchenbaumeisters Bernhard Hopp (1893-1962): Ein Leben als Hamburger Künstler und Architekt Teil 1: Die Zeit bis zum Zweiten Weltkrieg.- [Beitrag zum Hopp-und-Jäger-Projekt Nr. 5].- Books on Demand, Norderstedt 2016 [ISBN: 978-3-738612011]

- Karl-Heinz Hoffmann: Portrait zu Rudolf Jäger (bereits 2013 erschienen unter http://www.architekturarchiv-web.de/portraets/h-k/jaeger/index.html)

- Emmerich Jäger: Das Haus des Architekten Rudolf Jäger (private Vervielfältigung)

    [Diese Ausarbeitung bildet die Grundlage für eine Darstellung zum „Haus Jäger" im Buch von Gert Kähler und Hans Bunge: „Der Architekt als Bauherr. Hamburger Baumeister und ihr Wohnhaus" [Hrsg von; Schriftenreihe des Hamburgischen Architekturarchivs Bd. 34], Dölling und Galitz Hamburg 2016, dort S. 262-263]

- Emmerich Jäger: Erinnerungen an das Architekturbüro Hopp, Jäger, Gries, Dr. Bunzema 1935-1985 (in Arbeit)

- Heiner Steinfath: Die Hauptkirche St. Katharinen – Wiederaufbau nach der Zerstörung 1943.- Books on Demand, Norderstedt 2017

- Uwe Gleßmer / Emmerich Jäger: Projektbericht Nr. 2: Fotosammlung zu den Kirchbauten der Hamburger Architekten Hopp und Jäger (Stand April 2017).- Books on Demand, Norderstedt 2017 [ISBN 9783744818223]

- Uwe Gleßmer: Der Nachlass der Kunsthistorikerin Dr. Gisela Hopp und das Bild ‚Mühlenbarbeck‘ von Heinrich Stegemann: das Geburtshaus von J.H. Fehrs und die ‚frühe Fehrs-Propaganda‘.-Books on Demand, Norderstedt 2017 [ISBN 9783743104259].

- Jan Lubitz: Über die Architekten Hopp und Jäger im Architekturjahrbuch für Hamburg (geplant 2017)

- Jochen Schröder: Teile des Frühwerks: Fischerkirche/Born, St. Jürgen/List, St. Petri/ Mulsum bei Stade sowie Johanneskirche / Hamm Westfalen (in Arbeit)

- Uwe Gleßmer / Emmerich Jäger / Manuel Hopp: Zur Biografie des Kirchenbaumeisters Bernhard Hopp (1893-1962): Ein Leben als Hamburger Künstler und Architekt Teil 2: Die Zeit ab dem Zweiten Weltkrieg (in Arbeit)

- Uwe Gleßmer / Erika Grünewald / Peter Kröger: Die Kirchen St. Lukas und St. Marien in Hamburg-Fuhlsbüttel und -Ohlsdorf als Bau- und Kunstwerk der Architekten Bernhard Hopp und Rudolf Jäger (in Vorbereitung)

- Uwe Gleßmer / Emmerich Jäger: Zur Biografie des Kirchenbaumeisters Rudolf Jäger (1903-1978) (in Arbeit)